貯金0円から〝日本最大級〟へ夢の舵を取る！

奇跡の個人店

上地努樹

みらい
PUBLISHING

これから夢の出店をしたいと考える、未来の経営者様へ

これから、自分のお店を出したいと考えている方へ。
お店を持ちたい一心で、重ねてきた努力や苦労がきっとあるでしょう。
あなたが自分のお店をつくろうと決めて一歩踏み出したそのときから、あなたの、その費やした時間が、夢が、全部形になろうとしていきます。

なのに、どうしてでしょうか？

お金と相談して、物件選び・立地・内装など、何かを妥協しようと考えてしまっていま

せんか？　自分の資金と相談して、**身の丈に合う挑戦をしようとしていないか、今一度考えてみてほしいのです。**

それは、間違いではありません。リスクを抑えるのは当然のことです。しかし、リスクを抑えてその妥協だらけのお店をつくったあとに、もし経営不振に陥ったら、潔く諦めることができますか？　悔いは残りませんか？

〝挑戦〟に大切なことは、あなたが持つ夢の理想の形を実現することです。

長い努力の日々を重ね、経験を積むことにより何度も修正され続けたあなたのその夢は、きっと成功するはずです。そして、長く続いていくはずですから、その夢を、そのお店を、イメージどおりにつくることが大切なのではないでしょうか。

たとえば、「あと３００万円あれば、本当はこうしたかったのに！」と思うなら、何が何でも３００万円を調達して形にするべきです。その３００万円を最初に投資しなかったことにより、あなたが伝えたいお店のコンセプトがお客様に届かなければ、あっという間に営業赤字300万円になるでしょう。

つまり、**中途半端にしか表現できないお店を営業して経営不振に陥りつくってしまった300万円の赤字と、『あなたの人生100％』を表現するために投資する300万円**と、同じ払わなければいけない300万円なら、どちらが納得して払えるでしょうか？　理想を形にするために使った300万円ではないでしょうか？

私は、東京都立川市で『家偉族《かいぞく》』という名の居酒屋を経営している上地努樹《うえちどき》といいます。まわりからは、よく「ドキさん」と呼ばれています。

私がお店を開業して、今年で10年目。開業した当時、私もまわりから「最初にお金をかけすぎなんだよ！」と言われ、今でも言われています（笑）。

でも、考えてみてください。自分の夢に投資しないで、何に投資するのでしょうか。

現実的に、飲食業界は参入しやすく、乏しい経験でも開業できてしまいます。そのため、競合も多く、飲食業界は廃業率№1の業界ともいわれている厳しい世界です。

飲食業界で通例とされてきているのが、
1年で閉店してしまうお店は40％。
3年で閉店してしまうお店は70％。
そして、10年以内に閉店してしまうお店は、97％といわれています。
つまり、100店舗のうち、10年後に残るお店は、たった3店舗です。

もしかしたら、今はコロナに伴う特別貸付の返済に苦しむ飲食店も多いため、廃業率はもっと高いかもしれません。飲食業界の動向は毎年変化しているため、参考程度に捉えていただければと思いますが、それだけ厳しい状況であることは変わりありません。

この日のために、生きてきたのに。
この日のために、努力してきたのに。

この日のために、我慢してきたこともたくさんあったのに。
そんな想いを抱いてつくりあげてきたお店を、簡単に廃業させるわけにはいきません。

あなたがこれから挑戦しようとしているお店が、あなたの『人生の結晶』であってほしい。
そんな『人生の結晶』であるお店を廃業することなく、かつ大繁盛店にする方法を知ってほしくて、私は今回の本を書くことを決めました。

その方法が、経営者の理想をカタチにした『奇跡の個人店』です。

もし、この本に共感していただけるなら、ぜひ挑戦してみてください。
私のこれまでの挑戦や失敗、戦略や改善策を、余すことなくお伝えします。
恥ずかしい失敗も幾度となくありますが、この本を読んでくださるあなたには、すべてオープンにお話しします。

この本で、夢に溢れた未来の経営者様の背中を押してあげられることができれば幸いです。

はじめに

第1章　貯金0円から、奇跡の店をつくる！

第2章　「箱」ができたら信用と人を集める！

第3章　居酒屋の『家偉族王』に、俺はなる！

第４章　飲食店として勝ち抜くための指針と集客

第5章　〝日本最大級〟の個人店となった理由

おわりに

『奇跡の個人店』とは……

経営者の経験と実績を詰めこんだ『人生の結晶の店』。

大手チェーン店のような特権や仕組みはないけれど、
お客様のために、一緒に働く仲間のために、
オーナーが主役となって能力を最大限に発揮できるステージとなるお店。

そのお店は、自分自身が羅針盤となり、
妥協することなく楽しんで前に進める船である。

そして、その船に乗せた乗組員（スタッフ・取引先・お客様）も一緒に幸せになることが、
船長の幸せにもつながるという奇跡を生み出す。

もし、これまでの人生で挫折や苦労を味わってきたのであれば、

それらは、『後悔することのない、航海』へ出るために大切なことだった。
『奇跡の個人店』は、船長自身が、生きてきた〝証〟でもある。

第1章

貯金0円から、奇跡の店をつくる！

積み上げてきたキャリアが活かされる挑戦をしよう

私は、２００６年9月からの約9年間で、およそ80店舗の飲食店の新規出店に携わってきました。

その出店したすべてのお店が、１００席以上ある大きな店舗でした。

ＷＥＢ広告での集客が主流になっていた時代で、当時の会社は、ＳＥＯやアルゴリズムなどの研究や分析に力を入れていました。その甲斐あって、週末の金曜・土曜は毎週のように予約で満席でした。私も、そのノウハウを身に付けていたので、何席あろうが予約で満席にする自信がありました。

一般的に独立を考えたとき、リスクを抑えて20〜30席の小さなお店からはじめて、軌道に乗ったら大きなお店にチャレンジしてみようというのが、王道でしょうか。

しかし、私は逆に、小さいお店での経験がありませんでした。

もし、その小さいお店で失敗してしまったら、本当にやりたい挑戦ができないままになるのではないかと思っていました。それに、少額投資で済む小さいお店ならいつでも挑戦できます。私は、80店舗を出店してきた自分の経験を活かせる挑戦がしたかったのです。

たくさんの新規出店に携わってきた中で、独立前最後に担当したお店が、東京都立川市の立川駅南口から徒歩3分のところにあるお店でした。

ＪＲ東日本が発表しているデータでは、ＪＲ中央線で一番乗降者数が多いターミナル駅が新宿駅、二番目が東京駅、それに次ぐ三番目の駅にまで発展していたのが立川駅でした。視察にはじめて来たときは、それほど人口が多いという印象はありませんでした。しかし、都市開発によりここ数年で急激に栄えた『立川駅』の印象は半分都会で半分郊外のようで、学生時代に過ごした何十年か前の『大宮駅』に似た雰囲気を持ち、これからもっと大きなターミナル駅になるかもしれないという可能性に溢れていました。

その立川駅南口から徒歩3分のお店にある一番大きい席は、定員30名の個室でした。もし、30名以上の団体様にご利用いただく場合、分かれて座ることを了承していただかなければ、予約を確定させることが難しかったのです。

私は、そのことから、「もし、大きな団体様を受け入れられる大箱の居酒屋をつくれば、ニーズがあるかもしれない」と思いました。さらに、新宿や渋谷にあるお店のような新規顧客を重視する戦略ではなく、何十年か前の『大宮駅』に似た雰囲気により、地元の人に何度も通ってもらえるリピーター様も獲得できる街かもしれないと感じました。

そのときの私は、前述したように、大箱の居酒屋でも、週末のお店を満席にできるノウハウを身に付けていましたので、私なら、この街で、この業態ならいけると確信し、ここから私の独立への挑戦がはじまったのです。

ドキ社長の〝心の羅針盤〟

さぁ、日本最大級の個人店出店への挑戦だ！

物件は自分で探す　～飲食不可の物件もアリ!?～

「立川なら成功できる」と思った私は、不動産業者4社に対して、空き店舗を探してほしいと依頼しました。

『50坪以上で、立川駅から徒歩1分』

私が出した条件は、それだけです。階数には、こだわりませんでした。

しかし、「立川駅周辺に50坪以上の広さがある空き物件はない」と、すべての不動産業者が、それに近い物件として、『八王子駅から徒歩1分』の物件を提案してきたのです。何よりもがっかりしたのは、不動産業者4社共が、同じ物件を提案してきたことでした。今思えば、当然です。不動産業者は、不動産業者専用の同じ情報サイトを見て、物件を探しているからです。しかし、当時の私にとっては人生をかけた挑戦であったのに、不動産業者から見れば、たくさんある仕事の一つでしかない……。それが、残念に感じたのです。

私は、決めました。
物件は、自分の足で探すと。

そこで、まず私は、家賃の上限を設定せずに、自分が「ここにお店を出したい！」と思う場所に絞り、立川駅近辺を歩きまわることにしたのですが、すぐにある物件を見つけることができました。その物件は、立川駅北口から徒歩30秒の場所にありました。

しかし、その物件は、〝飲食業不可〟として入居者を募集していました。当然、飲食店を出店したい私のところに、空き物件として情報が入ってくるはずがない物件です。違う業種であれば、不動産業者4社もこの物件を提案してくれたのだろうかと、少し納得することができました。

そのビルは、当時3階と4階が飲食店で、2階には1フロアの半分だけを旅行会社が利用し、残りの半分が空いている状態でした。それでも70坪あり、私の理想どおりの場所だったのです。

早速、ビルの管理会社に電話をしてみると、やはり飲食業不可であることを告げられました。しかし、「3階と4階に飲食店が入っているのに、駄目でしょうか？」と交渉してみたところ、再度検討していただけることになったのです。

私は、結局その場所にお店を出店することになるのですが、物件は意外にもあっさり見つかったという印象でした。自分の足で探した物件でしたが、長年お世話になっている不動産会社に仲介を依頼し、手続きを進めていただきました。

あとでわかったことですが、そのビルは、築5年のまだまだ新しいビルでした。そして、テナントは5年間ずっと空いた状態だったそうで、そろそろどこかに決めたいと思っていた矢先での私からの問い合わせだったようです。〝飲食業不可〟でしたので実際、開業後に「ここの物件、空いていましたっけ？」とまわりのお店の方から質問されることも多かったです。立川駅の目の前という好立地を、同業他社もチェックしていたのでしょう。きっと、タイミングも運も、良かったのだと思います。

物件選びの考え方

「飲食業不可」の物件でも、一度交渉してみる価値あり。

ここで、もう一つ物件選びのポイントをお伝えします。それは、立地選びです。

私は、東京都立川市を選びましたが、どの街で開業しても立地がすべてだといっても過言ではありません。

以前、あるカフェの経営者様にお会いしました。その方のお店は、最寄り駅から徒歩20分の場所にありました。ご本人は、自分のお店だから毎日通い慣れており、駅から徒歩20分を『駅近』であると捉えていました。そして、「たった徒歩20分なのに、お客様が来なくて……」と悩んでいたのです。

20分も歩くなんて、私ならディズニーランドへ行ったときか、登山するときくらいです。たとえ普段から通勤や通学で歩き慣れている人でも、家までなら歩けるけれど、お店に行くまで20分も歩くのは、さすがに遠いと感じるのではないでしょうか。もちろん、そのお店に、わざわざ20分歩いてでも行きたくなるようなコンセプトや特別感、そこでしかできない体験があるのなら話は別です。それでも、駅から徒歩20分の場所での集客は、その場所でしか湧いていない温泉でもない限り難しく、ハードルはかなり高いと思います。

家賃が高くても、駅前の好立地にお店があれば、たまたま通りかかった人がフラッと入ってきてくれるので、広告費が断然節約できます。家賃が安くても、駅から遠くて、集客のために広告費をかけるくらいなら、最初から「家賃＋広告費」として予算を立てて、少しでも最寄り駅に近い物件を探すというのが、私の考え方です。

立地選びの考え方

駅から遠い安い物件（家賃＋広告費＋わざわざ歩く）。

駅から近い高い物件（広告費込の家賃＋飛び込み客も多い）。

あなたが、どちらを選ぶかです。

そして、どれくらいの距離ならお客様が何度も通いやすいのかも考慮してみましょう。

もう一つ、立地選びに大事なことは、どこにお店を出したいのかを、事前に決めておくことです。そして、その場所で継続して物件を探し、良い空き物件が出たときに、すぐに動ける準備をしておくことが成功のポイントです。

よくある失敗は、「今すぐ起業したい」という想いだけで物件を探して、結果的にそのときに空いていた物件で決めてしまうことです。「あと2、3ヶ月、時間をかけて探していれば、もっと良い物件が空いたのに……」と後悔する人も少なくありません。そうならないように、物件選びは長い時間をかけて、こだわって行いましょう。

ドキ社長の〝心の羅針盤〟

さあ、物件は決まった！これからが夢のはじまりだ！

規模は考えない　～理想を最高の形で実現するために～

物件は決まった。しかし、その物件は居抜きではなく、スケルトン状態でした。しかも、70坪の広さがある物件です。どれだけの内装費が必要になるのか……。

そもそも、夢をカタチにするためには、一体いくらかかるのだろうか。

私は、とりあえず図面を引いてみることにしました。必要な初期投資の総額がわからなければ、資金調達もはじめられないし、事業計画書も書けないと思ったからです。

その物件は、余計な柱もない綺麗な長方形で、まず調理場から図面を確定していき、次にトイレなどの水まわりを入れました。そして、白紙部分をすべて客席に、空調設備や配線などの専門的なことは業者に任せることにして、飲食業で大事になるレジの位置をあとから強引に決めました。

内装の見積もりができ上がるまでの間、お付き合いのあった各業者様とも毎日のように打ち合わせをして、開店資金が乏しいことも伝えながら、協力をお願いしました。そして、見積もりが出揃ったところで、どれだけの開業資金が必要なのかを改めて計算した結果がこれです。

初期投資の考え方

物件の保証金800万円
不動産会社への仲介手数料　家賃1ヶ月分
貸主への礼金　家賃1ヶ月分
保証会社へ支払う保証金　家賃1ヶ月分
内装費3千万円
調理設備600万円
空調設備200万円
調理道具・備品200万円
求人広告30万円
会社設立費30万円

人件費3ヶ月分270万円

その他、なんだかんだの雑費70万円を含め……合計約5千600万円……。

……えええええ！！！！！　自己資金0円なのに！！

予想はしていましたが、金銭感覚が麻痺してしまうくらいの金額でした。

タクシーに乗っていると、4千円も5千円もたいして変わらなく思う、そんな感覚です。未来の経営者様は、気をつけてくださいね。

しかし、その金額を見ても、なぜだか、もう「できる！」としか思いませんでした。見積もりが出揃ったことで、自分の理想をカタチにするためのゴールが見えたからです。自分でお店の規模を決めてしまうと、どうしても妥協しなければいけない部分が出てきます。しかし、規模を考えずにゴールを設定することで、どう進めばいいのかが見えてくる。勝算があったというよりは、「自分の想い描く通りになる！」としか思っていない、少年のような考えだったのかもしれません。

ドキ社長の〝心の羅針盤〟

新規店舗の図面は、宝物を探すための地図にも似ている。

圧巻の全席完全個室　～カウンター席をなくした理由～

私は、実はカウンター席が大好きです。

好きな女性と二人でお食事に行くときや、友人とお酒を飲みに行くとき、部下の仕事の相談に乗るときなど、好んでカウンター席を選びます。私の性格上、テーブル席で真正面に顔があると、恥ずかしくて本音で話ができないというか……、目のやり場に困るんですよね。二人で肩を並べて座ると、緊張もしないし目を見なくても自然と本音で語ることができちゃいます。

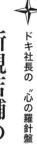

なのに、私がなぜ、カウンター席をつくらなかったのか？
それは、この章の最初でお伝えしたように、大きな団体様の宴会に特化した居酒屋をつくりたかったからです。

図面を引く前からコンセプトは決まっていたので、70坪の、広いスケルトン状態の真っ白な図面に、つくれる限りの個室を描きまくりました。そして、端から端まですべての壁が外せるように工夫して、最大で１５０名様まで着席できるようにしました。

居酒屋では、『完全個室』というキーワードが、ＳＥＯ対策上でも非常に重要です。
『完全個室』といわれてお店に入ってみれば、隣の客席とロールスクリーンのようなもので仕切られただけの席に通されたことはありませんか？　その場合、隣の話は丸聞こえだし、相席しているかのように隣の方と机はつながっているし、隣のお客様の顔がはっきりわかるような薄いロールスクリーンを使用しているお店もあり、私はそれがとても嫌で、本当の『完全個室』をつくりたかったのです。

一つひとつの座席にも、こだわりました。

一人当たりの席幅は60センチ取り、ゆとりを持って座っていただけるようにしました。

都内の居酒屋だと、一人当たり45～50センチが主流で、大きな荷物を持っていると、その置き場所に困ってしまいます。『完全個室』でも、狭いと意味がないですよね。

『完全個室』の考え方

『完全個室』を謳うなら、客席間の仕切りは、すべて壁。

壁を外せるようにつくり、一つの席幅を60センチに。


私は、とにかくお客様がゆっくりくつろげる席をつくりたかった。そのためには、カウンター席ではなく、全席『完全個室』が必要だったのです。

ドキ社長の〝心の羅針盤〟

中途半端な席はつくらず、『完全個室』に振り切る！

持つべきものは友と身内！ ～融資に頼らない資金集め～

私の理想をカタチにする初期投資の目標額は、5千600万円。

いくらなんでも、自己資金0円の私が、その全額を融資で賄うことは不可能です。

まずは、金融機関に信用を得るための〝現金〟が必要でした。

困り果てた私は真っ先に、上海にいる友人に連絡しました。

その友人は、前職で一緒に仕事をしていた元従業員で、中国人留学生として日本の学校に通っていた女性でした。当時は、私の部下としてとてもよく働いてくれており、当時から『ぴんちゃん』と呼んでいました。

ぴんちゃんは、「この会社は、ドキさんがいるから成り立っている！」と、よく褒めてくれていました。そして、彼女が学校を卒業して上海へ帰るときに、「ドキさんなら絶対に成功すると思うから、ドキさんが独立するときは投資したい」と言ってくれたのです。その言葉がとてもうれしくて、ずっと覚えていたので、今こそ彼女に電話してみようと思いました。

電話をした2015年当時、ぴんちゃんは、上海で日本人向けのラウンジを妹と二人で経営していました。上海では、「美人姉妹が営んでいるお店」として有名でしたが、近年は拠点や工場を上海から撤退する日本企業が増えたことで、日本人が減り、以前より景気は良くなかったようでした。

電話に出たぴんちゃんに事情を話すと、必要な金額を聞いてきました。私が「1千万円」と答えると、「今は、その半分しかない」と言って、500万円を用意してくれたのです。

もちろん、500万円でもとてもうれしかったのですが、目標としている資金5千600万円には、まだまだ足りません。私は正直に、「大きな挑戦だから、それじゃ足りないんだ」と伝えました。すると、彼女はすぐに動いてくれて、日本で医療関係の会社を起業したばかりだという中国人のご夫婦を紹介してくれました。

数日後、私はそのご夫婦と、池袋の喫茶店で待ち合わせをしました。私にとって「大きな挑戦」であること、さらに自分の大切な友人を紹介するということもあり、ぴんちゃんも上海から応援に来てくれました。私は、はじめて会うお二人に、「できれば1千万円ほど、投資をお願いしたい」と、素直に要望を伝えました。

そのご夫婦は、当時まだ20代と若く、誠実さが滲み出ていました。ご主人は、初対面なのに、なんでもオープンに話すところが、少し私と似ているように思えました。奥様は、中国で自分の飲食店を持つという夢があり、飲食業界に対して非常に興味を持ってくれました。ぴんちゃんは、そのご夫婦から非常に信頼されていたので、話がまとまるのも早かったです。

初対面から3日後、返事がありました。ぴんちゃんの紹介といえど、1千万円という大金を初対面の人に投資するなんて、私自身であればためらいます。しかし、そのご夫婦からは、「株をいくらか持たせてください」という条件付きで、1千万円の投資をしてもらえることになったのです。

こうして、合わせて1千500万円の初期費用を集めることができ、本当に今でも感謝しています。私の人生をかけた挑戦は、ぴんちゃんと、その友人ご夫妻なしでは、スタートすることすらできませんでした。

部下を大切にしていてよかった。
真面目に働いていてよかった。
見ていてくれる人は見ていてくれる。
あとは……、裏切らないこと。

そして、もう一つ大事にしなければいけないものがあります。
それは、身内の協力です。

実は、以前にも一度、自分でお店を持つチャンスがありました。

開業から遡ること、２００６年。私が29歳のときです。
当時の私は、俳優活動をしながら、歌手も志し路上ライブなどの活動をしていました。舞台やライブ活動の収入だけでは生活ができなかったので、水道橋のガールズバーでアルバイトをしていて、料理を担当していました。

そのガールズバーのオーナーは、もう一つのお店を経営していました。中野駅南口にある店舗で、昼のランチタイムだけ〝定食〟を提供しており、そのお店で夜の営業をやってみないかという話をいただいたのです。私は、千載一遇のチャンスだと思い、すぐに了承しました。いろいろな条件に関しては、オーナーと口約束だけで交わし、とにかくオープン日だけを決めて準備に取りかかりました。

そして、オープン予定日1週間前。オーナーが、契約書を持ってきました。

その契約書には、昼間に営業している定食屋さんとの兼ね合いで、私が負担するべき家賃や光熱費の割合などが記載されており、私に割合の比重がかかる内容になっていました。少々負担額が大きくても自分のお店が持てるのなら……と、その内容で進めることにしました。すでにランチ営業しているお店だから大丈夫だろうと、やる気満々・自信満々だったのです。

その契約では、私の母親が保証人になる予定でした。しかし、その契約書の内容を見た母は、「お前に不利な内容になっている。お前には、荷が重い」と、サインをしませんでした。

母は、演歌歌手として活動していた人で（詳しくは、48ページ「ドキ社長が『家偉族』の船長になるまで～幼少スパルタ成長編～」を参照）、その当時は、中野でスナックを経営していました。そして、私がはじめる予定のお店は、母が経営するスナックから徒歩3分もかからない場所にあり、相乗効果もあるからと訴えましたが、断固として母は判を押しませんでした。

結果、私はその出店を諦めなければいけませんでした。

悔しくて、母を恨みそうになりました。アルバイトとして勤務していたガールズバーも、既に私が抜けるつもりの体制ができあがっていたので、そのまま辞めることになりました。

新たに働く場所を探すことになった私は、ある会社の面接を受けました。実は、その会社こそが80店舗もの出店に携わることになった、私の人生を変えた会社であり、その会社に入社してから9年後、私は独立することになるわけです。

あんなに判を押さなかった母が、私の独立の際には、お祝いにと1千万円を貸してくれました。

「今のお前なら、もうできるでしょ！」

その母の言葉が、本当にうれしかったです。

あのとき母が判を押さなかったことを、今では逆に感謝しています。それは、その後の9年間でいろいろな経験を積むことができたからです。あの9年間の経験なく、もしあのとき夜営業だけのお店をオープンしていたら、きっと失敗していたと思います。自分でもそう思うほど、素直な気持ちで駆け抜けた9年間だったし、あの頃は本当に何も知らず、とても勉強になったと、今だからわかります。

母の呼びかけもあり、結局親戚も含めた身内から、合計1千350万円の現金を集めることができました。ぴんちゃんと、その友人ご夫妻からの投資額1千500万円と合わせて、これで2千850万円になりました。金融機関にアピールするには十分な金額を集めることができたのです。

ドキ社長の〝心の羅針盤〟

持つべきものは友と身内！裏切らないし、裏切られない！

夢の筋書きを語ろう　～満額融資の決め手は事業計画書～

融資を受けるには、事業計画書の内容ですべてが判断されるといっても過言ではありません。

事業計画書は、自分のことを知らない人に読んでもらうわけですから、誠実に熱意を伝えなくてはいけません。字が下手でもいいから、一字一字丁寧に書いていくことが大事です。私も、誠実さが伝わる、本気度をアピールできるような事業計画書を書きたいと、何度も下書きを繰り返しました。

事業計画書を書いている途中、立川市役所に創業者向けに金融機関での融資が通りやすくなるようにサポートする部署があると聞き、そこで相談をすることにしました。

当時、担当してくれた職員さんは、元バレエダンサーという経歴のある男性で、ここではバレエの名作『白鳥の湖』の主人公と恋に落ちる王子様になぞらえて『ジークフリートさん』と呼ばせていただきます。ジークフリートさんは、舞台に立っていただけあって、私のエンターテイメント気質なところと、どことなく波長が合うと感じました。進捗状況の報告も含めると、立川市役所に何度通ったのかわからないくらいです。これから出店する私の、心の支えにもなっていたような気がします。

ジークフリートさんは、大手チェーン店が20~30坪規模の物件での出店ラッシュだという流れに反して、私が70坪の大きなテナントに挑戦することに、非常に興味を持ってくれました。そして、いろいろな情報共有やアドバイスをいただき、事業計画書の書き方まで熱心に指導してくれました。

創業融資の限度額は、条件によりますが、基本的には1千万円です。満額融資を目指しても、面談で事業計画書を見た金融機関の担当者から、「ここにお金かけすぎじゃないですか？」などの指摘を受け、減額されるのが通例です。しかし、市役所でのジークフリートさんによる熱血指導のおかげもあり、私の事業計画書は減額されることなく、1千万円の満額融資を受けられることになりました。

事業計画書の考え方

自分の思いを詰め込んだら、専門家の意見やアドバイスを受けることも大事。
市や行政のサポート機関を活用しよう。

これで、初期投資としての資金は、3千850万円になりました。まだまだですが、ゴールが見えてきました。これも、ジークフリートさんのおかげです。ちなみに、ジークフリートさんは、今もときどき、お店に来てくれます。融資を受けられたこともうれしかったのですが、今も続くご縁を得られたことの方が、私にとってはうれしいことでした。

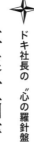

事業計画書用紙に隙間のないほどびっしりと、夢の筋書きを語ろう。

迷わずに法人化　～代表取締役の肩書きが導いてくれるもの～

少し話は遡りますが、私が独立をしようと決めたときに真っ先にしたことがあります。
それは、会社設立でした。

『家偉族～ kaizoku ～立川本店』は、２０１５年11月10日にオープンしました。
会社を設立したのは、開店前である同年８月18日。まだ物件すら決まっていないときでした。ただ、最初から大きな店舗で挑戦しようと決めていたので、法人にすることが必須であり、個人事業主でやっていこうなどとは微塵も思っていませんでした。

企業を法人化する考え方

"法人"か"個人"かの選択は、どの規模で挑戦をするかによって、メリット・デメリットが変わる。

私の個人的な意見ですが、小さなお店を出店しようと考えている方にも法人化することをお勧めします。もちろん良し悪しもありますが、法人化することで、人生をかけて挑戦するその夢を理想のカタチにできやすいと思います。

法人化を勧める一つ目の理由は、融資を受けやすいこと。そして、二つ目の理由として、もし思うような実績があげられなくても、法人であれば、さまざまな助成金やサポート機関を活用できます。それによって、一日でも長く夢をカタチにする挑戦を続けることができ、修正する期間を確保することもできます。さらに、三つ目の理由として、大繁盛したときに、税金の支払いを抑えられる可能性が高くなるという効果もあります。ここでは、税金について詳しくは語りませんが、私は、自分のお店を持ちたいのなら、その人の『人生の結晶』となるお店であってほしいと思っています。さらに、その先に大繁盛している姿を思い浮かべるのであれば、法人化することをお勧めしたいです。

あと、名刺に『代表取締役』という肩書きが書けることは、法人化する最大のメリットだといってもいいでしょう。この『代表取締役』という肩書きが、多大な自信を持たせてくれますし、能力以上の信頼を得る場合もあることを、私は身をもって体験してきました。

私が知る、ある企業の話です。その企業は、まさに「ブラック企業」と称されるような体質で、出勤初日から「課長」「主任」「統括」などの肩書きを与えることがあるそうです。肩書きを与えることで、新人スタッフのモチベーション向上にもつながるし、初日から責任感を持って仕事に取り組める効果も期待でき、離職までの日数も稼げるという考え方なのだそうです。何の努力もしないでもらったポジションであっても、肩書きを与えられると人間はうれしいものです。私も単純なので、若い頃は、肩書きやポジションを与えられると、一生懸命に働きました。何十時間も労働し、仕事が辛くても、肩書きを手放す方が嫌なので頑張ったりして、会社に大変貢献したサラリーマン時代もありました……。そのやり方に、「ハメられたーーー！！！」って、早めに気づくことも大切ですね（笑）。

話は戻りますが、『代表取締役』という肩書きは、何より未知数の人脈と出会わせてくれます。そして、その人脈が、やがて集客にもつながっていきます。繰り返しになりますが、法人化することで、自分の能力以上に信頼を得ることができるのです。

ドキ社長の〝心の羅針盤〟

能力以上の信頼を得られる法人化が、大きな挑戦には欠かせない！

ドキ社長が『家倖族』の船長になるまで～幼少スパルタ成長編～

私は、幼少の頃から、自分だけは『特別な人間』だと思っていました。

上地努樹は、徳島県の最南部に位置する海部郡海陽町（旧：宍喰町）で育ちました。海陽町は、海がとても近い自然溢れる町で、そこには母の実家がありました。私は、物心ついた頃には、その母の実家で、祖母・祖父・伯父さんの四人で暮らしていました。

両親は離婚しており、私と一緒には暮らしていませんでした。

父については、「パパは、アメリカで仕事をしているから、なかなか会えんのじゃ」と教えられてきました。母は、東京に住みながら〝超期待の新人演歌歌手〟としてメジャーデビューしており、1981年の第23回レコード大賞新人賞にノミネートされるほどの活躍をしていました。私は、『海陽町出身の演歌歌手の息子』

として町では有名で、町の人からはよく「ドキくんけー」（徳島のことばで「ドキくんか？」という意味）と声をかけられていました。

ドキ少年は、何をしても、そこそこできる少年でした。

写生大会や読書感想文、書道や標語のコンクールなど、いろいろな機会で賞状をもらっていたような子でした。特に印象に残っているのが、『あいさつ』をテーマにした標語コンクールです。

『君の名は　知らないけれど　こんにちは』

この標語は、徳島県で最優秀賞をいただき、全国でも入選し、全校生徒の前で表彰されるという経験をしました。どこかのアニメのタイトルのような標語ですが（笑）、私にとって大きな自信になったことは、間違いありません。

そこからさらに勢いづいたドキ少年は、小学校の高学年になると、早朝は吹奏楽、放課後は野球部の活動。部活後に公文、書道、学研、そろばんと、1週間のうち5日間は塾に通う濃密な日々を過ごしました。今思えば、怖いもの知らずで、世間知らずの超未熟な人間だったのかもしれません。私が、何でも挑戦したいと思うようになったのは、あの頃のワクワク感がベースになっているのだと思います。

もちろん、ただ楽しいことに首を突っ込んでいるだけではありません。一緒に暮らしていた家族の存在が、私に「乗り越える力」を与えてくれたと思っています。特に、私の祖母は、とても厳しい人でした。門限は17時で、友達の家には一度も泊まりに行かせてくれません。口答えしようものなら、晩ご飯が出てきません。超スパルタ教育で、絶対に口答えなんてできない厳格な人でした。

しかし、叱ってばかりの祖母でしたが、私の運動会では、どこの親よりも大きな声で応援してくれました。野球の試合も毎試合必ず観に来てくれて、私の活躍を誰よりも喜んでくれる愛情たっぷりの人でした。私は、どんなに叱られても祖母が大好きだったし、祖母に褒められることがうれしくて、喜ぶ顔が見たいがゆえに頑張る少年だったと思います。

そんな祖母が、私が中学3年生になったときに、「立候補してこいよ」と命令してきたことがあります。それは、同学年の中で、たった一人だけしか経験できない生徒会長という役職です。祖母の命令が後押しとなり、私は勇気を出して立候補することを決めました。結果、選挙に勝ち、生徒会長を務めることになったのです。

私が、生徒会長をした経験から身に付けたことは、「人前で話す力」でした。

人は、「うまくやらなきゃ」と思えば思うほど、緊張するようです。

しかし、当時の私は、会長の挨拶をするとき、一度も緊張したことがありませんでした。私の場合は、「人前で話す姿を、祖母に見せたい」という気持ちが強すぎて、逆にいつまでも話していたいと思った記憶があります。

ドキ少年は、祖母が喜んでくれるから、何事にも一生懸命に頑張りました。

あの頃の環境が、私の「お客様が喜んでくれるから頑張ろう」という気持ちを育ててくれたのだと思います。そして、人生の中で、何度もリーダー的立場を任されてきたのも、生徒会長を務めた経験があったからこそだと思っています。ここでドキ少年は、「人を巻き込む力」の面白さに目覚めたのかもしれません。あのとき、背中を押してくれた祖母には、本当に感謝しています。

その後、高校入学と共に、私は祖母の元を出ることを決めます。

母が芸能界で活動していたので、子どもの頃から自分も芸能界に入ることが必然だと思っていました。そして、祖母の厳しさと深い愛情の中で育ててもらえたからこそ、15歳で育ってきた町を出るという決断ができたのだと思います。

私は、新たな挑戦に向けて、『東京』という名の母のもとへ行くことになりました。

第2章

「箱」ができたら信用と人を集める！

設備投資を抑える　～リースのメリット・デメリット～

飲食業には、調理設備が必要です。

そして、私の開業時の調理設備に関する見積もり金額は、約６００万円でした。そもそも資金が不足していた私は、最初から『リース契約』というものを視野に入れていました。

リース契約とは、会社が設備投資をする際に、購入するのではなく、長期間リース会社から設備を借りて利用する契約のことです。

支払い総額が少し高くなったり、中途解約ができなかったりというデメリットもありますが、開業時に少ない資金でスタートできることが最大のメリットです。「一生続けていくつもりですから、中途解約しません！」というのであれば、これから開業する方は、ぜひ検討してみてください。

そして、出店計画の中で、ここは絶対にクリアしたい契約でした。

この調理設備をリース契約にするためにも、法人格が必要だったのです。

通常は、中古品で十分です。しかし、私の人生の門出ですから、お金をかけてでも、新しい調理設備を導入したかったのです。

リース契約の考え方

・メリット

開業時の初期投資を抑えられる。

新品の調理器具を使える。

・デメリット

支払いの総額が高くなる。

中途解約ができない。

私の場合、前職で9年間お付き合いしてきた調理機器メーカーの担当者が協力してくれました。リース契約を結べるように、厨房機器のリースをしている大手メーカーと私の会社との間に、リース契約のサポートをする会社に入ってもらえるよう紹介してくれたのです。立ち上げたばかりの私の会社には、もちろん決算書もなければ、売上も立っていませんでした。実績がなく、信用していただく材料が乏しい状態だったので、多額のリース契約を一度に行うことが難しかったのです。しかし、捉え方によれば、立ち上げたばかりの会社だからこそ借入金や滞納金もなく、マイナスになる要素もありませんでした。そこで、リース契約専門のサポート会社を利用することにより、いくつものリース会社に契約を分けることができ、すべての設備のリース契約を可能にすることができたのです。もちろん報酬はかかりますが、初期費用としては抑えることができました（個人事業主であっても、リースのプロに依頼すれば200～300万円のリース契約は組めると思います）。法人格だったので、調理設備600万円は、すべてリース契約にすることができたのです。

ドキ社長の〝心の羅針盤〟

自分の人生の門出だからこそ、中古品ではなく新品の設備を使いたい！

キーマンは『酒屋』～専売契約書を交わそう～

開業から約一年半が経った2017年6月1日、『改正酒税法』が施行されました。

『改正酒税法』とは、簡単にいうと「酒類の過剰な安売り」や「販売奨励金（リベート）」などの規制を目的にした法律です。

これにより、私たち飲食店は、どこの酒屋を選んでも、仕入れ値がほとんど変わらなくなりました。この影響で、安売りが強みだったいくつもの大手居酒屋チェーン店が値上げに踏み切らなくてはいけなくなりました。そして、原価が上がり、儲けが少なくなってしまった飲食店の倒産が相次ぎました。さらには、安売りで顧客獲得をしていた卸の酒屋は、倒産した飲食店からの未回収が相次ぎ、連鎖的に倒産数が増えたともいわれています。

私が開業した2015年当時の改正酒税法が施行される前の酒屋業界は、飲食店の顧客獲得や継続的な取引をしてもらうために、ありとあらゆる努力をしていました。酒屋は、つねに相見積もりを取られ、お店側からは「価格を合わせてくれ」などと一段高い立場から交渉され、薄利多売でしか利益が得られないというような状態だったと思います。

私自身も、酒屋を選べる立場でした。

しかし、私は価格で酒屋を選ぶのではなくて、心の通い合う人と仕事がしたかった。大袈裟な言い方をすれば、自分の門出を、心から応援してくれる方と仕事がしたかったのです。もっと長い目で見れば、共に歩めて、共に大きく成長していける人と、仕事のパートナーになりたいと思っていました。

オープン当時、私が決めた酒屋は、関東でもトップクラスの売上を誇る大きな酒屋でした。決して安いわけではありませんでしたが、当時の担当者が、とても情熱的で面白い人でした。ちなみに、彼のことは、ここでは『ボジョレー・ヌーヴォーさん』と呼ばせていただきます。

ボジョレー・ヌーヴォーさんは、私を結婚式にまで招待してくれるほど、仕事を超えた気心の知れた仲になりました。客である私が、「彼の出世のお手伝いができたらいいな」と思えるほどの男で、彼が会社から課せられたノルマが達成できるようにと、何度も応援させてもらったことがあります。たとえば、売れずに残ったボジョレー・ヌーヴォー20ケースを、全部買い取ったり……（笑）。私のお店では、ワインなど取り扱っていないのに、彼のためだけに、ボジョレー・ヌーヴォー20ケースを仕入れたのです。さらに、その翌年は、彼だけではなく、彼の部下や同僚の分まで買い取ってあげました。それも、私にとっては懐かしい思い出ですが、そんなことができてしまうほど、信頼できる担当者と仕事がしたいと思っていたし、そんな担当者が働く酒屋さんを選んだということです。

仕事のパートナーを選ぶときの考え方

100円の商品を買って終わる人か、
110円で同じ品物を買って、相談・商談までできる人か。
たった10円でも、付加価値を感じてお金を出せるかどうか。

そして、もう一つ。

みなさんは、『専売契約書』を知っていますか？

飲食業で開業をするときに、最初にアサヒビール、キリン、サントリー、サッポロビールなどの中から、主要となるビールメーカーを決めるのですが、ここで交わすのが専売契約書です。「キリンビールもアサヒビールも好きだから、どちらも扱いたい！」という方もいると思いますが、ここは一つに絞って、専売契約書を交わすことをお勧めします。

専売契約書の考え方

3年間は、ビール会社は一社に絞って専売契約を交わす。

専売契約書を交わすことにより、お店に選ばれたビールメーカーは、全面的にサポートしてくれるようになります。開業するお店の規模が大きければ大きいほど、サポート内容も充実します。生ビールサーバーの支給はもちろんのこと、メニュー表の作成などもしてくれます。その場合、メニューの中にビールメーカーが扱っているリキュールやカクテルなども商品として扱うことに協力しなければいけませんが、メニュー作成の手間や費用が省けます。さらに、ビールメーカーのロゴ入りのジョッキを、永続的に無償提供していただけるので、こだわりがなければグラスは買う必要はありません。大手チェーンであれば、無償でジョッキに店名も入れてもらえます。交渉次第で、さまざまなことを協力してもらえるので、専売契約によってお金をかけずに済むことがたくさん生まれ、それらを活用することができるのです。

ドキ社長の〝心の羅針盤〟

メーカーを一つに絞るデメリットよりも、メリットの方が圧倒的！

業者とは本音で話す　～駆け引きは不信用の証拠～

前職での仕事を振り返ると、80店舗も立ち上げたわけですから、休む間もありませんんでした。次から次へと出店計画が立ち上がり、仕事、仕事で駆け抜けた9年間。そのときは、調理場統括として業者様の窓口となり、私に決裁権があったわけではありませんが、業者様からは会社のキーパーソンであると認識していただいていました。私は、暇さえあれば、業者様から相見積もりを取っていました。酒屋・八百屋・卸業者・水産業者など、どのジャンルでも、2社以上と取引をするようにして、つねに価格を比べていたのです。枝豆一つとっても、安さの限界値を知りたかったからで、1円でも高いものがあれば、安い方の値段に合わせてもらう交渉をしていました。新規営業で来る業者様とも必ず時間をつくり、見積もりを出していただくところまでは、他社と同じ土俵に上がっていただくようにしていました。

たいていの業者様は、最初の見積もりは通常の見積もりよりも、やや安い単価で出してくれます。ただ、それを繰り返すことで、何社も見積もりを取っていくのは二度手間になることがわかってきたので、最初から現在の取引状況がわかる商品ごとの単価表を業者様に渡して、値段を相談できるのかどうかを判断していただいていました。そうすることで、自ら身を引く業者様も出てくるようになりました。しかし、そんな中でも、契約を勝ち取ろうと必死に見積もりを出してくる業者様もいました。正直、私の方が心配になるくらい値段を下げてきた会社もあり、それを上席に報告すれば、「そこに替えろ」と言われることはわかっていました。当時の会社は、業者様同士を競わせて、「とにかく安いところと契約しろ！」という方針でした。値段に負ければ取引もなくなるわけですから、何年お付き合いしようが関係がありません。特定の業者様に肩入れすると、「業者を潤わせるためにやっているんじゃない！」と、私もよく叱られました。

しかし、価格だけで取引先を決めてしまうのは嫌だったので、「こんな値段で見積もりを出してきている会社があるのですが、値段を合わせられませんか？」と、まずは現取引先である業者様に伝えることにしていました。はじめの頃は、各取引先も困っていましたが、業者様も慣れてくるのか、むしろ協力的になってきます。そのような関係が築ければ、私自身も『本音』で話し合えることが楽しく、勉強にもなって、仕事がやりやすかったです。

駆け引きをするのは、信用がない証拠です。

会社同士の契約は、人と人が結ぶものであり、人間は不思議な生き物で、何度も顔を合わせていると情が生まれ、「この人のために何かしてやりたい」と思うものです。取引先を替えたくない、一緒にやってきた相手を裏切りたくない。そんな気持ちが芽生えてしまうことは、いけないことでしょうか？　そして、調理場統括として、仕入れ単価を抑えるという任務を全うする強き心を持つべきだったのでしょうか？

私は、逆にその任務を全うする強き心を持っていたからこそ、人を大切にしようと思ったのかもしれません。そして、私が業者様に感じていたように、相手も同じ気持ちで努力してくれたのだと思っています。

実は、独立の際、ずっとお世話になってきた業者の方々が、本当に力になってくれました。たくさんのお祝いの言葉をいただきましたが、今でも忘れられないのは、「あのとき、ドキさんがいたから今の私がいます。あなたのおかげで少しだけ出世させていただきました」と、言葉だけではなく、一番お金のかかる初回納品分をお祝いとしてプレゼントしてくれたことです。お花の代わりに現金で御祝儀を包んでくれた業者様もいて、本当に感謝しています。何よりも助かったと思うことは、独立しても取引先を替えなかったことで破格の値段で仕入れていた食材も、値段をすべて引き継いだまま契約してもらえたことです。これは、後々に影響することですし、大きかったです。もちろん、値段がすべてではありませんが、本当に人を大切にして、長いお付き合いを続けてきて良かったと思いました。

ドキ社長の〝心の羅針盤〟

業者様と駆け引きをするのは、信用がない証拠だ！

スタッフを募集しよう　～共に旅をする仲間を集める～

現在の求人広告は、求人募集のページ作成時に、さまざまな規制があります。あたりまえのことですが、実際には『昇給制度』がないのに記載してみたり、休日が月に6日しかないのに『完全週休2日』と嘘の内容を書いたりすることはできません。会社の印象を悪くしないためにも、労働条件や待遇などは事実を書くようにして、誇大広告にならないように注意してください。面接時に違う労働条件だった場合、求人サイトを運営する企業からすぐに事実確認の電話がかかってきたりします。

求人募集の上手な打ち出し方の一つとして、新規オープンのときだけ使用できるキーワードがあります。それは、「オープニングスタッフ大募集」です。

この「オープニングスタッフ」というキーワードは、応募する側にとっては、最も突き刺さります。それを利用して、初回だけは少し予算をかけて大きく掲載することをお勧めします。だいたい1ページの四分の一くらいの大きさのプランで十分です。

『家偉族』がオープンするときは、40名くらい採用しようと考えていました。欲しい人材をこちらが選べるくらいの応募がくるように、初回掲載にはお金をかけましょう。

あなたは、どんな人に働いてほしいですか?

『経験を積んだ即戦力タイプ』か『ピュアで育てがいのある未経験者タイプ』か。

どちらにしても、素直で明るい人間にお店の仲間になってほしいですよね。仕事を覚えるのが遅くても真面目に働く姿勢のある人は、長期的にお店に貢献してくれます。そして、もちろん仕事はお金のために働くのが当然ですが、お店のために、人のために働いていると感じられるスタッフは、大切にしたくなりますよね。

ドキ社長の〝心の羅針盤〟

大繁盛店への道を共に歩いてくれる、素敵な仲間たちを集めよう。

準備が整い、いざ船出！　～最後のピンチを乗り切れ！～

目標額を明確にして集めてきた資金調達でしたが、いよいよ限界がきていました。

今思えば、まだまだ他にも、資金調達の方法があったのだと思います。しかし、当時の私は、いろんな手段があることも知らず、どんなにかき集めても1千万円ちょっと足りませんでした。当時の私が持っていた実績と知識と人脈では、もう限界だったのです。

でも、『家偉族』はオープンすることができました。

最終的に、どのようにして開業までたどり着いたと思いますか？

残りの足りない資金1千万円がなければ、内装業者さんに工事費の残金を支払うことができませんでした。私は、内装業者さんに資金調達ができない旨を伝え、分割にしてほしいとお願いをしたのです。すると、その業者さんは、こんな言葉をかけてくれました。

「どうせ成功するでしょ？　お金はあとでいいよ。ドキさんがお店に立つんでしょ？　ドキさんがお店にいるなら絶対成功するよ！」

そう言って、未払いのまま営業できるように完成させてくれました。

とにかく早くオープンして、売上を立たせないといけない。そんな事情を、内装業者さんもわかってくれていたのです。

その内装業者さんも、長年一緒に仕事をしてきた方でした。一緒に仕事をしていると、想いや考えが似てくるものです。だから、ずっと一緒に仕事ができるのかもしれません。

飲食店は、人に任せたって絶対に成功しません。「あなたがお店にいれば成功する」「経営者が一番働け」と、全国の飲食店経営者に言いたいです。

私の人生が詰まった、『奇跡の個人店』は、たくさんの方々の支援・応援をいただき、無事にオープン日を迎えました。ここまでは、いろいろな人を巻き込むことで、可能な規模や限界を自分で決めず、ただ自分の理想を追い求めてゴールを目指した『家偉族』開業のストーリーでした。

次の章からは、お客様に愛される大繁盛店になるためにつくりあげてきた、『家偉族』の仕組みをご紹介していきます。

ドキ社長の〝心の羅針盤〟

『奇跡の個人店』がオープン！ 本当のドラマがここからはじまる。

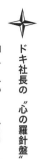

ドキ社長が『家偉族』の船長になるまで　～上京エンタメ物語編～

東京で演歌歌手として活動していた母のもとに上京したのは、高校に入学する15歳のときでした。その後、高校を卒業する前には独りで暮らしはじめ、生計を立てるためにアルバイトをしていました。

18歳のとき、人生初のアルバイトは、大手百貨店の中にある軽食喫茶店でした。ナポリタンやカレー、パフェやクリームソーダ、特にグラタンが人気メニューで、そのグラタンの味を再現できればと、家で何度も挑戦するなどして、日々料理の腕を磨いていきました。

ただ、このときの私は、料理人になりたかったわけではありません。東京に出てきた理由は、あくまでも芸能界で俳優として活躍することでした。

当時の芸能界は、高学歴タレントのブームで、「これからは、学歴もなければ俳優にはなれない」といった風潮がありました。私も『大卒』の肩書き欲しさに東京電機大学の工学部に入学しましたが、同時に芸能事務所にも所属できたことから、大学の授業と事務所のレッスンの両方を受けていました。しかし、レッスンの方が断然楽しく、結局大学は2年目から休学し、そのまま退学してしまいました。

俳優としての仕事には、〝映像の仕事〟と〝舞台の仕事〟がありました。映像は、再現VTRやエキストラの仕事ばかりでしたが、そのうち、小さな役でもセリフがもらえる舞台の仕事が舞い込んでくるようになり、20歳で六本木にある俳優座劇場で初舞台を踏むことができました。当時は、岡部耕大さんが脚本・演出をする劇団「空間演技」に身を置き、九州一周旅公演などの舞台を中心に活動する生活をしていました。劇団員としての収入は少ないものでしたが、1ヶ月かけて九州を一周するような旅公演では、貧しさを忘れるくらい楽しい日々を過ごすことができました。

俳優としての経験は、他にも素晴らしいことを、たくさん教えてくれました。

特に、俳優として舞台に立ち、毎日、毎回、終演の前に実施するカーテンコール。出演している役者が舞台で一列に並び、お客様に挨拶としてお辞儀をします。そのとき、私は、毎回泣いていました。もちろん、悲しかったから泣いていたのではありません。

舞台公演の稽古は、役者が一堂に集まり、セリフの読み合わせからはじまります。その次に、台本を持ったままセリフを合わせる立ち稽古になります。そこから演出が入り、効果音が入り、音楽が入り、段々と作品がつくられていくのです。稽古は、何回も繰り返し行われます。有名な俳優さんの中には、何十通りものセリフの言い方ができる人もいて、良い作品をつくりたいがゆえに、真剣だからこそのぶつかり合いが発生することも少なくありません。俳優と演出家、スタッフが集まり一つの作品をつくりあげていく舞台稽古の時間は短く、濃密に過ぎていきました。

私が所属していた劇団は、開演2日前に劇場入りして、そこでやっと劇場での稽古ができるというハードスケジュールでした。舞台セットは自分たちで組み、その舞台を使って物語の最初から最後までを通して演じていく『通し稽古』が行われます。そこで、はじめて照明が入りスポットライトなどで立ち位置が変わることは必ずといっていいほどありました。時間がある限り、幕が開く直前まで、舞台の演出はずっと加えられ続けていきます。初日の舞台はだいたい寝不足です。こうして、ハードにでき上がっていく舞台ですから、カーテンコールでお客様から受ける拍手喝采は達成感の極みでしかありません。台本をもらった日から舞台が完成するまでの濃密な1ヶ月間が頭をよぎり、毎回カーテンコールでは泣いていました。舞台をやっていた時間は、一生忘れることができない宝物です。

私は、お店づくりも、作品づくりの一つであると考えています。

劇団時代の経験から、私は『家偉族』のスタッフに、「良いお店づくりをしたいなら、みんなで話し合おう」と伝えています。もし、不満に思っていることがあっても、真剣ならぶつかり合いが発生してもいいと考えているからです。不満があるということは、何かを我慢していることと同じです。だから私は、不満があるのに注意ができないままでいる側のスタッフに対して、「良いお店をつくる気があるなら、相手に言いなよ」と叱ります。不満に思っていることを改善しない限り、いつまでも我慢することになるわけですから。

ただし、ぶつかり合うことがあたりまえになってはいけません。互いが歩み寄るつもりがないときは、派閥が大きくなる前にどちらかに辞めてもらうしかないのです。もう仲間として同じ船にいられないからです。そういう環境では、お客様にベストパフォーマンスもできませんし、何より歩み寄るつもりがないという性格は、私とは合わないと判断せざるを得ません。そういう人間は、最後はめちゃくちゃにして去っていきます。

芸能界という世界では、真面目に努力をしても、実力や才能があっても、事務所の力で潰された人を何人も見てきたし、理不尽だなと感じることばかりでした。だからこそ、『家偉族』では真面目に働く人がちゃんと評価されるお店にしたいと強く思っています。

私が劇団で経験してきたことが、今『家偉族』でも活かされているのです。

第3章

居酒屋の『家偉族王』に、俺はなる！

『家偉族』に込めた想い　～店名の由来とは？～

2015年11月10日。『家偉族～kaizoku～立川本店』がオープンしました。

この時点では、『家偉族』は、私がつくった個人店に過ぎません。

ここからは、『家偉族』が、どのように『奇跡の個人店』になっていったのかを書いていきたいと思います。

まず、なぜ店名を『家偉族』にしたのか。

私は、世界一売れているといわれている、あの〝海賊冒険漫画〟が大好きです。

その漫画に出てくる登場人物は、海賊たち。主人公は〝海賊王〟を目指す、海賊団の船長。仲間それぞれに想いがあり、人生があり、個々の夢を叶えるために、共に旅をしていきます。宝物を探しに、そして海賊王になるためには、険しい道を進んで行かなければなりません。困難な道であればあるほど主人公はワクワクし、仲間たちと助け合い、苦難を乗り越えていくのですが、その姿には、いつも勇気づけられます。何より、仲間たちとの友情や絆に何度も感動し、泣かされ、私はその漫画から、人を想う大切さを学びました。

『人生の結晶』となるお店の名前を考えるとき、この大好きな漫画に関連させた名前にしたいと思っていました。

じゃあ、『海賊』でもよかったのではないかと思われるかもしれません。

私は、この漫画に登場する主人公のような仲間を想う気持ちを、いつまでも持ち続けたい。一人で行くより、みんなで遠くへ行けたらと思っていました。

その漫画には、『偉大なる航路』という言葉が出てきます。

私は、その言葉にインスピレーションを感じました。

家族とは、血のつながっている人だけではありません。苦楽を共にして、長い時間一緒に過ごした人は家族になっていきますよね。仲間たちと、家族のような絆がつくれるお店にしたい。

「偉大なる家族」と書いて『家偉族』はどうだろうか。

すぐに、この名前を使っているお店や企業・団体がないかをインターネットで検索してみましたが、『家偉族』はヒットしない！

……よし、これにしよう！

『家偉族～ kaizoku ～立川本店』

私らしい私だけの最高の店名ができ上がった！

ドキ社長の〝心の羅針盤〟

家族は血のつながりだけじゃない。一緒に過ごす時間が家族にしていく。

毎日がベストパフォーマンス！　～お客様の心を掴める環境を～

まず、私がどんなお店をつくりたかったのか？

私が目指したのは、お客様が嫌がるシステムを排除し、お客様が喜ぶことに力を入れ、お客様はもちろん、私自身も『こんなお店があったらいいのに』と思えるお店でした。

ただの『個人店』ではなく、日本最大級の『個人店』として大きな店舗であるにも関わらず、システムに縛られず、お客様のご要望になるべく応えられるように努力できるお店をつくりたかったのです。

さらに、提供する料理も手作りにこだわるという、究極の『個人店』にしたいと思いました。

そして大きな団体様が入れる大きな箱にこだわった以上は、大きな団体様の宴会に特化したお店にしたかったのです。

80名様とか100名様での宴会になると、ホテルのような広い会場を使わなければいけません。そうなると、どうしても会費が8千円〜1万円など高額になってしまいます。それならば、4千円くらいの予算で、宴会ができれば需要があるのではないかと考えました。

大きな団体様であればあるほど、大変になるのは幹事様です。

長年、居酒屋の経営に携わってきた私は、実際にたくさんの幹事様が対応している姿を見てきたからこそ、「幹事様のお手伝いをしてあげられるお店をつくりたい」と思っていました。

ＪＲ中央線・立川駅は、今では〝第２の新宿〟といわれるほどのターミナル駅になり、青梅市方面にお住まいの方、八王子市方面にお住まいの方にとっては、立川駅からの帰りが便利ということで、立川駅で飲んで解散という流れが多いようです。

東京都立川市近辺は〝多摩地域〟と呼ばれ、人口はおよそ４００万人。『家偉族』の全１７２席くらいであれば、私のノウハウで毎日埋められるだろうと思っていました。競合が暇な日だとしても、自分のお店だけは満席にできると自信を持っていたのです。だから、平日いつ満席になっても対応できるように、それに適した人数のスタッフたちを毎日配置するようにしています。

はじめて来たお客様にとっては、『今日の営業内容』が、また来てくれるかどうかを決める判断基準になります。『家偉族』を知ってもらうチャンスは、毎日あります。そのチャンスを掴むことは、今日出会う「はじめまして」のお客様の心を掴むこと。つねに、ベストパフォーマンスができる環境をつくることが何よりも大事であると考えています。

ただ純粋にお客様に喜んでもらいたい。そのために必要だと感じた「あったらいいな」をカタチにしたことで、『家偉族』は大きな強みを手にすることになったのです。

ドキ社長の〝心の羅針盤〟

お客様が喜ぶサービスを考えれば、繁盛しないわけがない！

幹事様に優しいお店づくり　～特化したことでターゲットが明確に～

私が考える「幹事様のお手伝いをしてあげられるお店」にするためには、幹事様にとって「幹事がしやすいお店」でなければなりません。そこで、次のような料金システムを考えました。

料金の考え方

幹事様がお金を集めるときに、お釣りが出ないようにと、税込で4千円・5千円など、切りのいい価格帯を設定。

また、忘れてはいけないのが、幹事様に対する考え方です。

幹事様に対する考え方

一番頑張っているのは、幹事様。

そこで、幹事様への「お疲れさまでした」の気持ちを込めて、ネット予約の際は、通常よりもポイントを還元し、幹事様が得をするようなシステムを導入することにしました。

さらに、幹事様のためのサービスとして考えるならば、幹事様が困っていることを解決できるお店でなければいけません。

人数変更によるキャンセル料金の考え方

大きな団体様であればあるほど、参加人数の把握は困難。

幹事様がどんなに管理しようとしても、当日になるまで何人になるかわからないという宴会がほとんどです。実際に、幹事様から必ずと言っていいほど、「人数は、何日前までに確定しなければなりませんか？」とよく質問されます。これは、人数減少時にかかるキャンセル料金を心配しているからです。それならば、この心配ごとをなくしてあげられたらと、キャンセル料をいただかないことにしました。

当店では、「税込4千円のコース料理でのご予約でしたら、当日来られた人数×4千円が当日のお会計になりますので、ご安心ください」と、いつもお伝えしています。

つまり、当日の人数変更による料理のキャンセル料金は発生せず、来店した人数分の料理を当日でも提供できるようにしています。

このサービスで、幹事様からとても感謝されています。

私がまだ独立をする前にこんなことがありました。

ある大きな団体の幹事様が何日も前から下見に来て、出欠確認をして、宴会の予約をしてくれました。当日は、時間より早く来店して、予約席に垂れ幕などの装飾をしたり、席次表を作成したりと、その宴会のために、たくさんの時間を費やしていたのです。しかし、当日欠席をしていた方もいたようで、会計時にその方の分を、幹事様が自腹で払っていたのです。

そんな幹事様の姿を見て、「こんなシステムはおかしい、何かお手伝いできることはないか」と思ったことが、私がこの仕組みをつくったきっかけでした。

幹事様の中には、責任感の強い方もいれば、上司の命令で大役を任され、仕方がなく対応している方もいます。もしかしたら、お店選びを間違えただけで上司から怒られ、出世に響いたなんて方も……。そんな中で頑張っていらっしゃる幹事様の顔を立てることができ、円滑に宴会を開いていただけるように、『団体様をもてなすプロ』としてのお手伝いができたらいいなあと思っています。

私は、予約人数減少によるお料理代にかかるキャンセル料金は、架空請求だと思っています。ましてや、幹事様がお会計で欠席者の分まで負担をするようなことは、決してあってはならないという考えです。予約人数が当日減少し、予約人数分のお料理代をしっかり請求してくる飲食店がほとんどですが、私はこういう請求をやめてほしいと強く思います。

ホテルのレストランのような『完全予約制』であれば、『その宴会のためだけに仕入れた食材』の場合が多いので、予約人数より減ってしまったときのキャンセル料金としてお食事代が請求されることは仕方ないことかもしれません（それでも、余った食材を捨てないようにスタッフの賄いに使用したり、ホテル内にある他の飲食店に買い取ってもらったりするなどの工夫をしていただいて、幹事様から来てもいないお客様の分も請求することは極力しないような努力をしてほしいです）。

しかし、居酒屋のような低価格な宴会のコース料理では、〝その宴会のためだけに仕入れた食材〟など、まずあり得ません。予約をしていない飛び込みのお客様にも対応できるほどの食材を、元々多めに仕入れてあります。逆に、予約人数が増えたときにコース料理を人数分提供できるのは、そういう理由があるからです。予約人数が減って食材が余っても、単品メニューとして出せるので損失なんてありません。コース料理の中に焼き餃子が入っているとしても、焼き餃子は単品で出せる可能性が高いですよね。お刺身もそうです。大手チェーン店や安売りで勝負しているお店は、冷凍ものの食材を使うことが多いので、ロスもありません。もしかしたら、冷凍品だから、まだ解凍もしていないものに対してキャンセル料金を請求している可能性もあります。ですから、居酒屋でのキャンセル料は、架空請求みたいなものだと思っています。

幹事様の気持ちを考えて、宴会がスムーズに行われるように幹事様をサポートし、人数変更しても臨機応変に対応できることが、『家偉族』の最大の強みであると思っています。

ドキ社長の〝心の羅針盤〟

団体様をもてなすプロとしての強みとプライドを持とう!

『家偉族』の隠れたサービス　～良いアイデアは連鎖する～

前項でご紹介した、人数変更によるキャンセル料金をいただかないというシステムですが、これを実現した私の想いを、『家偉族』のスタッフたちに浸透させるのに一苦労しました。特に、キッチンスタッフから、「予約人数が決まらないと、コース料理の準備ができない」との意見があったのです。

確かに、人数の減り方によっては料理の台数が変わるので、せっかく綺麗に盛ったもの

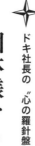

を直前に盛り直すのは時間がかかるし、他のお客様のオーダーにも支障が出る可能性も出てしまいます。「人数変更は前日まで対応できることにして、当日の人数変更は、もうキャンセル料を取っていいんじゃないでしょうか？　全国共通、どこのお店もキャンセル料を取っていますし、何より急な変更に対応するのがきついです」と、キッチンスタッフの総意として伝えられました。

同じタイミングで、ホールスタッフからも同じような意見が出ました。変更する人数次第では、お客様の来店15分前に席を入れ替えることもよくあったので、「せっかくセットしたのに、直前になってまたセットし直すのが面倒です」と。コース料理のグレードによっては、カセットコンロやお刺身用の小皿など、セットする設備や食器も異なるので、確かに面倒ではあります。

そこで、私がどうしたのか。

「幹事様のサポートをしたいんだ！　きっとこれは、喜ばれるサービスなんだ！」と、スタッフたちに何度も言いました。何度も理由を説明して、納得してもらったのです。そのうち、最初は否定的だったホールスタッフたちも、お客様の喜ぶ顔を何度も見ることにより、幹事様に喜ばれるサービスをしているんだと気づいてもらえたようでした。

キッチンスタッフには、当日人数が減ったとしても、「盛り直さなくていい」と伝えました。「盛り直さなくていい」というのは、30名の予約に対して、〃既に用意してしまった30名分の料理〃に関しては、28名になっても、30名分のまま提供してしまおうということです。

仕事は、スピードが大事です。減った2名分のために盛り直したり、時間をかけたりするくらいなら、「たった2名分の食材くらいサービスしてあげましょう！」という感覚です。もちろんお客様には、「28名分です」と言って提供して、28名分のお会計しかいただきません。『家偉族』は、これをすべての団体様の宴会で行っています。

これを、『家偉族』では、『隠れたサービス』と呼んでいます。

私の「幹事様のサポートがしたい」という想いから連鎖が起こり、このような良いサービスがまたでき上がっちゃったわけです（笑）。

ドキ社長の〝心の羅針盤〟

仕事はスピードが大事！宴会がスタートしてからでも料理の人数調整はできる。

個人店だからできる料理　～手作りで、心に残る味を～

もし、スタッフが少ない日があっても、そのときのスタッフ数でも営業できるような、料理のオペレーションを考えておくことは大事です。

そして、それを実現するとなれば、解凍したらそのまま出せるもの、揚げるだけの冷凍食品、電子レンジであたためればできあがるメニューなど、そういった料理が多くなってくるでしょう。

もちろん、それらのメニューも、〝すぐに提供できる簡単でおいしいもの〟として、いくつかメニューに入れておくといいと思います。でも、料理はオペレーションよりも、鮮度が大切です。何よりも、手作りの料理は、つくりたてが一番おいしいですよね！

料理への考え方

『家偉族』の料理は、「また食べたい！」と思ってもらえるような味を提供するため、手作りのメニューにこだわっています。

『鶏皮ポン酢』は、オーダーが入ってから鶏皮を片栗粉で揚げるので、温かいままご提供しています。温かい鶏皮ポン酢を、食べたことありますか？

『ぶりのなめろう』は、オーダーが入ってから刺身用のブリを80グラムに切り分けてたたくので、脂がのって新鮮なまま召し上がっていただけます。

『唐揚げ』は、前日から仕込み、オーダーが入ってからタレに一日漬け込んだ鶏肉を揚げるので、とてもジューシーで身は柔らかいです。

『出し巻き玉子』は、もちろんオーダーが入ってから焼くので、ふわふわです。水分が出てしまう前に召し上がっていただけます。

『家偉族』の料理は、どれも本当においしいです。個人店として、手を抜かず、こだわれるところはこだわり続けています。

多店舗展開してお金儲けに走るより、たった1店舗をしっかりやって、お客様の喜ぶ顔を想像していくこと。それを続けていれば、どなたのお店にもファンがつき、きっと成功するはず……。これは、個人店だからできることだと思っています。

ドキ社長の〝心の羅針盤〟

お料理の手を抜かない！それが、『個人店』の財産になる！

『お通し』がないお店　～喜ばれないサービスはなくそう～

『家偉族』には、『お通し』がありません。

私が、お通しが嫌いだからです。

私は、お金が無かった下積み時代に、よく飲みに行っていました。一日に2、3件は飲み屋をはしごして、お店に行くたびに『お通し代』を取られ、「お通し代がなければ、もう一杯飲めたのになあ」「お通し代の分、もう一品頼みたかったのになあ」と、思っていました。

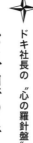

しかも、お店のメニューの中で、お通しが一番まずい……。

おいしい料理やお店が売りにしているメニューを出すのならまだいいのです。

「食べたくもないものを出されてお金を支払わされるのは、そのお店のマイナスイメージにしかならないだろう……」と、客だった自分がいつも思っていたことです。

お通しという文化を誰がつくったのかは知りませんが、「居酒屋にお通しがあるのはあたりまえだ」とは、私はまったく思っていません。

お通し代は、お店側からすれば、単価を確保できる一つの戦略です。

今のお通し代は、３００～４００円が主流でしょうか？

居酒屋でお通しとして出されるのは、ひじきの煮物やきんぴらごぼう、おからの和え物、切り干し大根などが多いですよね。そして、お通しとして提供されるそれらの料理には、はっきりいって、心が込められておりません。工夫して、何種類かの中からお通しが選べるお店もありますが、お通しは、お客様が喜ぶサービスではありません！

……と、偉そうなことをいっていますが、『家偉族』もオープン当初は、お通し代として500円をいただいていた時期がありました。お通しには、手間暇かけた『もっちり豆腐』という手作りの練り物を提供していたのです。「お通し代をいただく代わりに、愛情のある料理をつくればいいんだ」と思いながら、毎日200食分のお通しをつくっていました。手間暇かけた分とても人気があり、評判も良かったのですが、何度も来ていただくお客様には、さすがに飽きられていきました。そして、『もっちり豆腐』に代わる『お通し』をずっと考えていたのですが、それを上回るものにたどりつかず、「お客様に何度も同じものを提供して苦痛に思われるくらいなら……」と、お通しをやめてしまいました。

お通しをなくしてみて、わかったことがあります。
私は、お通しをなくすことで、客単価が500円下がるかもしれないと思っていました。しかし、お通しがない分、自然にもう一品多く注文してくれるようになり、客単価はまったく変わらなかったのです。

お通しの考え方

お通しをやめても、客単価は下がらない。
お通し代の分、他の注文が増える可能性が高い。
お通しにかけていた時間を有意義に使える。

何度も言いますが、私はお通しが嫌いです。なぜ、最初からその想いを貫かなかったのかと後悔しています。お通しをつくる時間が無くなった分、より一層、料理に力を入れる時間を持つことができました。そして、何度も来ていただいたお客様の来店頻度が、さらに増えるということにつながりました。

ドキ社長の〝心の羅針盤〟

『お通し』は、客単価を確保するための戦略であって、お客様想いのサービスではない。

斬新！　時間無制限飲み放題　～違和感はビジネスのヒントに～

『家偉族』は、年中11時30分にオープンします。

そして、閉店時間の23時（金・土・祝前日は、閉店0時）まで、税込2千500円で、ずーーーーーーーーーーっと飲める『時間無制限飲み放題』というシステムがあります。「これ絶対赤字でしょ！」と、必ず言われます（笑）。

私は、以前から〝飲み放題〟というシステムに、違和感を持っていました。

独立前の話になりますが、店舗運営に携わっていたあるお店に5名様での予約が入りました。そのお店では、『3時間飲み放題』というプランがあったのですが、当日は5名様のうち、2名様が遅れてくることになりました。すると、その2名様が来るまで、何も飲まずに待つというのです。こちらから、何度か「まだ飲まれませんか？」と声をかけたのですが、「あとの二人の飲み放題時間が少なくなるから、まだ開始しないでくれ」と言われました。その後、2名様がなかなかご来店しないまま、3名様はしびれを切らしたのか、先に単品でお酒を注文して飲みはじめたのです。そして、2名様が到着すると、3名様は単品で先に飲んでいた分の会計を一旦済ませ、そこから、5名で3時間飲み放題がはじまったのです。

実は、このようなお客様は、意外と多いです。お店にとっては、売上につながるのでうれしいのですが、時間どおりに来たお客様の方が多く支払っている状況を見て、「自分だったら嫌だな」と思いました。もし、『時間無制限飲み放題』があれば、そんな状況にはならないはず……。

もう一つ、飲み放題時間が終わったお客様を帰さなければいけないことにも抵抗がありました。話が盛り上がっているお客様の話を途中で切ってしまうことになるし、その席の次の予約が入っていないのであれば、そのまま居てもらった方が、おつまみや単品の飲み物を追加注文してくれるかもしれないのです。これは、チャンスを逃してしまっているのではないだろうか……。

そんな〝飲み放題〟に関する違和感を解決したい想いから、『時間無制限飲み放題』が誕生しました。最初は、本当に大丈夫なのだろうかと思いましたが、採算が合わなければ、すぐにやめればいいのです。

『時間無制限飲み放題』がスタートすると、先に来たお客様がいても、時間を気にせずに、飲みながら遅れてくる人を待てるようになりました。先に来ていた人が同じ料金で一杯でも多く飲めるという逆の現象をつくることができ、そのうえ、話が尽きるまでいてもらえるということが実現できました。

さらに、想定していなかったメリットも二つありました。

一つは、お客様が悪酔いしなくなったことです。制限時間のある飲み放題を頼んだお客様は、元を取ろうとして過剰なスピードで飲みます。そして、帰る頃には、トイレから出てこなくなることもしばしば……。しかし、『時間無制限飲み放題』にすることで、お客様がご自身のペースでお酒を楽しめるようになったのです。あんなにいた悪酔いするお客様は、まったくといっていいほどいなくなりました。

もう一つは、お客様が、お店を2軒も3軒もはしごしなくてよくなったことです。二次会、三次会でお店を変えるたびにお通し代を取られ、一日を通すと、かなりの飲み代を使ってしまうことがあります。しかし、『家偉族』に来れば、4、5千円で一日中飲めるのですから、お客様にとってもうれしいシステムになったようです。

『時間無制限飲み放題』によって、お客様がずっとお店にいてくれるので、毎日21時頃の店内は、満席状態になります。お腹いっぱいになって、もう何も注文できないお客様もいますが、それでもこの満席状態をつくってくれているということが、何よりの宣伝効果につながります。平日でも満席になるお店を目指してやってきていましたが、『時間無制限飲み放題』によって達成することができました。

飲み放題の考え方

時間制限をすると損をする人が出てしまう。

回転率は悪くても、客単価が上がる。
滞在時間の延長により、満席の状態が宣伝効果になる。

ドキ社長の〝心の羅針盤〟

「自分だったら嫌だな」と思う違和感は、新サービスのヒントになる!

スタッフは『広告費』~『人件費』という言葉を捨てる~

家族同然のスタッフたちを、私は『人件費』とは考えていません。

家族のような絆がつくれたらと集めた仲間たちであり、私が考えるお店の理想をカタチにして、お客様に届けてくれる広告塔であると考えています。

大手居酒屋チェーン店の中には、平日などの暇そうなときは、もう売る気がないのかと思うくらい、シフトを削った人員で営業しているお店が多いです。50～60席もあるのに、スタッフが2名しかいないところもあり、そんなお店に行くと、お客様にサービスを提供する気がまったく感じられません。ですから、そのようなお店には、お客様は帰って来ないのだと思います。

↓暇だから、スタッフのシフトを削る。
↓稼げなくてスタッフが辞める。
↓人手不足に陥る。
↓求人広告をかけ続けて出費が増える。
この流れになってしまうと、もう出口が見えない状態です。
少ないスタッフで営業したって、店内の活気はありません。

スタッフ一人の負担が増え、重労働が重なると、スタッフの元気もなくなってきます。スタッフを減らすことは、数字に表せない『サービスの質』『元気』『コンセプト』という要素を著しく低下させ、『お客様満足度』も下がるに違いありません。「今は、人が足りなくて苦しいので、これが限界です」というサービスなど、存在しません。

人件費の考え方

『家偉族』のスタッフ全員が看板！　看板は広告費だ！

稼げなくて人が辞めていき、来るか来ないかわからない求人広告にお金をかけるくらいなら、目の前にいる仲間の生活を守るために、仲間が辞めないように、人材を確保するために『求人広告代』を使ってあげましょう。せっかく教育した時間も無駄になってしまいますよね。

ドキ社長の〝心の羅針盤〟

お店を演出してくれる大切な仲間に投資をしよう！

『家偉族』流スタッフの育て方　～背中で見せて学ばせる～

ここからは、オープン時から、私がスタッフを育てるために大事にしている四つの考え方をお伝えしたいと思います。

①教えるより真似をさせる

真似をさせるためには、経営者自らが現場で働くことです。
飲食店に多いのは、人を雇って任せるだけで、自分がお店で働かない経営者です。たまにしか現場に来ず、あれしろこれしろと言うだけで、従業員が胸の内から喜んで動いてくれていると思っているのでしょうか？

命令をする形になるから『パワハラ』と言われたり、無理にコミュニケーションを取ろうとするから『セクハラ』と言われたりするわけです。

教育をすることは、とても神経を使い、繊細である困難な時代になってきたと思いますが、お店に立って一緒に働くだけでパワハラもセクハラも解決されることが多いと、身をもって感じています。一緒に仕事をしていると、スタッフが自然に、『ドキさんならどうするだろうか』と考えてくれるようになります。つまり、真似をしてくれるようになるのです。真似をしてくれると、仕事も考え方も似てくるんですよね。まさに家族になっていく瞬間の連続なんです。

②とにかくやらせる

『百聞は一見にしかず』ならぬ、『百聞は一作業にしかず』です。

調理工程などを、順序立てて教えてメモを取らせるよりも、実際にその料理を一回つくらせることが大切ですし、近道になります。やったあとに、メモを取らせるともう完璧です。やったことが頭の中で映像として残るからです。

③褒め方にもひと工夫

うまくできたときに、「成長したなーーー」と褒めてあげると、スタッフは自分が認められたと感じて、とても喜びます。気分はルンルンになって、その後も積極的に仕事をしてくれるようになるのです。しかし、この効果が期待できるのは、そのスタッフだけにです。とても繊細なところまで意識を向けると、「私は、褒めてもらえないのかな」と思うスタッフがいる場合があり、ひどいときは「贔屓している」「肩入れしている」とか思われる危険性があります。

だから、ひと工夫して褒めてあげましょう。

たとえば、料理を褒めてあげたいときは、「上手になったねー」と、私の意見として言うのではなくて、「『おいしかったー』って、お客様が言っていたよー」と、第三者の意見として伝えてあげる方が、スタッフはうれしいようですし、効果も絶大です。

他には、「『笑顔が素敵だねー』って、お客様が言っていたよ！」もいいですし、もっといえば、「『このお店は、感じのいい子が多いですね！』って、お客様からいただきました！」と言うと、お店全体の雰囲気が上昇し、士気があがります。

でも、あくまでも、これも経営者自身もお店に立つことが必須条件です。

ぜひ、試してみてください。

④掛け持ちはさせた方がいい

私は、自分の仕事環境に自信を持っています。これまで積みあげてきた経験から、みんなで働きやすい環境を整えているつもりですが、中には、その環境を理解できない人もいます。特に、若いスタッフたちに「理解しろ」といっても、すぐには難しい話だと思います。でも、どんなに良い会社だとアピールしても、人間は経験でしか学べません。他の仕事環境を見て、自分の会社の良さをわかってもらうしかないのですが、比較対象がないと、その判断もできません。

そこで、スタッフたちには、他の仕事との掛け持ちを勧めています。

人手不足といわれている昨今、シフトを組んでいて人手が足りないと感じたときに、「おいおい、うちで雇っているのに、仕事の掛け持ちなんてするなよ……」と思ってしまう経営者も多いのかもしれません。

しかし、スタッフには仕事を掛け持ちしてもらって、いろいろ経験してスキルを身に付けてくれたらいいんです。必ずそのスタッフ自身の成長につながります。

よそを見てみて、『家偉族』は良かったなあとか、働いていた環境を少しでも良いと思ってもらえたら、逆に定着率があがる可能性もありますよね……。

もちろん、シフトを組むときに、人がいなくて困ることはあるかもしれません。

しかし、私が運営しているのは、あくまでも個人店。私がいれば、お店が回るようにしておけばいいのです。

飲食店に管理職は必要ない

余談といいますか、私の個人的な考え方の一つになりますが、飲食店に管理職は必要ないと思っています。

飲食店の現場には、お客様の心とつながることができるスタッフだけで十分だと考えます。

特に、『奇跡の個人店』となれば、オーナーのファンを増やすことが売上につながります。お客様の心とつながらない現場に出ない管理職を設けることは、大きな出費です。ファンもついていないのに、偉そうにスタッフに注意する管理職がいると、スタッフの顔から笑顔が消えてしまいます。お店やスタッフの管理くらいは経営者自らができるはずです。だから『家偉族』には事務所もないし、事務員も管理職もいません。人生の結晶のお店は、人に任せるより自分が管理しないとどんどん理想から逸れていってしまうからです。

ドキ社長の〝心の羅針盤〟

『奇跡の個人店』には、そのお店に合った教育環境が必ずある！

舞台俳優が働くお店　～スタッフ＝キャストの考え方～

私は、ときどきスタッフたちを連れて、居酒屋に行くことがあります。それは、スタッフたちに、社会見学をしてもらうためで、必ず勉強になりそうな繁盛店に行くようにしています。そして、一つでも多く何かを吸収して持って帰れるように、斬新なメニューや気になるドリンクなどがあれば注文しています。

その中でも、『家偉族』で働くスタッフたちには、一度は連れて行き、感じとってもらいたいお店があります。六本木にある、ものまねエンターテイメントハウスSTARというお店です。

『家偉族』がオープンした最初の一年間は、毎月、その月に誕生日を迎えるスタッフを連れて通っていました。『スター』は、ほとんどのスタッフがショーの出演者で、ショーがはじまるギリギリまで、注文したドリンクやお料理を出演者自らが運んでくれます。そして、ものまねショーがはじまると、代わるがわる主役やバックダンサーに入れ替わり、全員が一人の歌のために支え合ってショーを成立させ、全員で舞台をつくり、全員でお店をつくっていると感じさせてくれるお店です。まさに、独立前から『家偉族』の理想もこれであり、スタッフたちにも、そんなお店の様子を知ってもらいたいと思っています。

元々、『家偉族』を出店するときの理想は、ホールスタッフは全員、舞台俳優を夢見る人を採用することでした。歌いながらドリンクをつくるとか、料理を運ぶとか、想像するだけでもちょっと異様な光景になってしまうけれど(笑)。

さらに私は、ディズニーランドも好きなので、メルヘンチックで現実から少しかけ離れている雰囲気のお店にしたいと思いました。そのためには、そこまで演じることができるスタッフ＝キャストを揃えたかったのです。

でも、そんなエンターテイメント的なお店は、あくまでも理想で、都心であれば人も集められてまだ実現性は高いかと思いますが、立川ではそこまで強く求めてはいませんでした。舞台俳優を集めたかったのには、もっと他の理由がありました。

実は、私も舞台で俳優として活動していた経験があり、公演前・公演中は、大きな連休を取ることがなかなか大変だということを知っていました（詳しくは、72ページ「ドキ社長が『家偉族』の船長になるまで〜上京エンタメ物語編〜」を参照）。

俳優として駆け出しの頃は、エキストラの仕事などをしていて、そのような撮影の仕事は、前日などに突然舞い込んでくることが多々あり、よくバイト先に迷惑をかけていました。その経験から、自分がお店を持ったときは、夢を持つ若者たちが働きやすい環境をつくってあげたい、夢を応援してあげたい、貧しくてお腹が減ったときはご飯を食べさせてあげられるようにしてあげたいと思っていました。夢を諦める大きな理由は、食べていけないからということを私自身が知っているからです。

ドキ社長の〝心の羅針盤〟

生きづらい世の中になっても、夢を持ち、
夢を追いかける人がいるなら
全力で応援したい。
私を、踏み台にして夢を叶えてもらいたい！

ドキ社長が『家偉族』の船長になるまで　～挫折メンタル逃亡編～

20歳で初舞台を踏み、俳優として成功することを志していたドキ青年は、24歳で挫折を経験することになります。

役者の仕事をしたくても、オーディションは全敗。収入の少ない舞台の仕事がない限り、俳優としてのオファーがほとんどない状態でした。バイト漬けの日々でしたが、バイト以外の時間は、パチンコ、競馬、麻雀などのギャンブルに明け暮れ、気が付けばサラ金7社に借金をしている状態になっていました。その総額は、300万円近くまで膨れ上がり、8社目の審査が通るはずもなく、ついにお金の返済ができなくなってしまいました。

私は、両親や当時一緒に住んでいた彼女に、助けてほしいとお願いしました。当然のことですが、その彼女には見捨てられ、一緒に住んでいた家を追い出されてしまい、とうとう寝る場所が無くなってしまいました。それでもまだ、「自分だけは特別だから、何とかなるに違いない」と思い、とにかく借金の取り立てから逃げ続けていました。

ある日のこと、沖縄にいる父から電話がかかってきました。

子どもの頃から「アメリカにいる」と教えられてきた私の父・上地雄大は、俳優として劇団を旗揚げしたあと、30歳で演歌歌手に転身。北海道から沖縄まで、日本全国で『流しの演歌歌手』として活躍し、その旅の日記が好評で、ラジオ番組のレギュラーをいくつも持っているような活躍ぶりでした。父は、ネオン街のスナックを一件ずつ訪問し、CDを手売りで売り続け、そのお金で沖縄に家を建てた苦労人です。そして、その建てた家の一階で、『雄大橋』という沖縄郷土料理の居酒屋を営んでいました。私が父と交流するようになったのは、成人式を終えた20歳のときからでした。そんな父が、私を更生しようと買って出てくれたのです。

「バカ息子よ。一年間、俳優修業しながら私の店で真面目に働けば、借金を完済してあげるから沖縄に来なさい。その代わり、修行僧として坊主にしてこい。携帯電話も解約してきなさい」

夢を諦めたくない、この挫折から再出発できるのならと、私はその電話をきっかけに、再起をかけて沖縄へと旅立ちました。

しかし、沖縄での生活は、想像以上に過酷でした。

父に言われた通り坊主になった私は、早朝に起きて、父と共に毎朝1時間座禅を組みました。何よりもこれが苦痛で、ずっと座禅を組んで瞑想しているだけなのに、動いているときよりも汗がビュービュー噴き出してくるのです。早朝だったので、少し寝そうになるものなら、ビシッと警策で肩を叩かれます（本来は自ら望んだ人だけが叩かれます）。リアル『一休さん』の世界……、まさに、お寺に修行に来たかのような日常でした。

座禅が終わると、汗でびしょ濡れになった床を雑巾掛けし、朝食を食べます。そして、朝食後から昼食までの時間は、芝居の稽古をしていました。その芝居とは、父が書いた詩や歌詞をセリフに変えたもので、そこに動きも加えた究極の一人芝居でした。

これが、父が考え、私に与えた沖縄での俳優修業だったのです。

居酒屋『雄大橋』では、閉店間際になると、稽古した一人芝居をお客様の前で披露することが日課になっていました。一番辛かったのは、お客様がたった一人のときです。観てくれる人が少なければ少ないほど緊張しました。人前で話すことに、あんなに緊張しなかった私が緊張するくらいの状況です。しかし、この苦労のおかげで肝が据わったというか、人間は、崖っぷちまでくると、本当に信じられない力を発揮することを学びました。

しかし、朝の座禅からはじまり、夜の一人芝居で終わるといった過酷な一日に耐えられず、私はとうとう逃げ出す選択をします。たった４ヶ月で、沖縄から東京へと逃げて帰ってきたのです。

沖縄を飛び出した私は、神奈川県川崎市に住むおじさん（母の弟）の家で、居候生活をすることになりました。その年、車の免許の更新手続きに行ったとき、手続きを行う免許センターの別室に呼ばれ、こう告げられました。

「本日、新しい免許証をお渡しすることはできるのですが、あなたは沖縄県警から捜索願（現在は、行方不明者届）が出されていますよ。指名手配のような重大なことではないので、このままお帰りになっていただいてかまいませんが、ご両親に連絡をして捜索願を取り下げてもらうことをお勧めします」

沖縄を飛び出した私は、携帯電話を持っていなかったこともあり、このときはじめて、自分に捜索願が出されていることを知りました。新しい携帯電話を購入した私は、まず友人たちに連絡をしました。みんなのところへ、沖縄県警から連絡が来ていたそうで、最初は驚かれました。

捜索願を出した父に連絡しなければいけませんでしたが、最初は勇気が出ませんでした。しかし、心配してくれる友人たちに勧められ、私は父に連絡をして謝罪し、搜索願を取り下げてもらうことができました。

あとになってわかったことですが、私の更生を買って出てくれた父でしたが、同時に、離れて暮らさざるをえなかった息子の私との時間を取り戻したいという気持ちもあったそうです。そんな父の気持ちも知らず、何も言わずに逃げ出して、捜索願まで出させてしまったバカ息子……。

そんな父の気持ちを考えられるようになったのも、いろいろ経験してきた今だからこそなのかもしれません。

第4章

飲食店として勝ち抜くための指針と集客

勝ち続けるための四つの神器　～幾十万の店の中で勝つために～

ここからお伝えすることは、私が創業者向けの開業セミナーなどに登壇するとき、『勝ち続けるための四つの神器』として紹介しているものです。個人店だけど、チェーン店のように大きなお店である『家偉族』には、『家偉族』ならではの神器があります。

私がここで〝神器〟と呼んでいるものは、飲食業界で勝ち続けるためのものであり、それと同時に、自分のお店が潰れないように守るためのものでもあります。あなたのお店にも、このような神器を持ってほしいと思うので、ここで紹介させていただきます。

①特化した強みを持つ

幾十万とある飲食店の中で勝ち続けるためには、自分のお店を差別化できるかが重要です。

『家偉族』は、大きな団体様に特化し、宴会で支持されるようにつくりました。

幹事様にフォーカスして、宴会がスムーズに行えるようにサポートさせていただくことを信念としています。

前章でもお伝えした通り、宴会の予約をした大きな団体様は、ほとんどの場合が、予約どおりの人数でお越しになられません。そこに付け込んだキャンセル料金を設定しているお店がありますが、私はお客様想いではないと思っています。

『家偉族』は、宴会で一番頑張った幹事様を労ってあげられるお店を目指しています。

あなたのお店の強みは何ですか？
あなたのお店が特化していることは何ですか？
特化していても、それがお客様に伝わっていますか？

先にお伝えしておきますが、「おいしい料理」や「明るくて元気なサービス」は、飲食店では当然のことですので、強みではありません。

まずは、あなたのお店の強みを探してみてください。

②次につながる営業をする

洋服屋さんは、来店して試着をしていただいても、買ってもらえなければ売上になりません。買ってもらうためには、その場でのコミュニケーション力や知識を持ち、お客様が買いたくなるような会話が必要になります。中には、心の掴み方などのテクニックがマニュアル化されている会社もあるようです。

それに比べて居酒屋は、ご来店していただければ売上確定なわけです。

つまり、次にまた来てもらうためのサービスをしなくてはいけません。

一般的なのは、次回利用できるクーポン券の配布でしょうか。しかし、私自身、そのようなクーポン券は利用したことがありませんので、効果は低いような気がします。

私の経験上ですが、再来店の割引や特典を付けるよりも、お客様の顔と名前を覚えていてあげることが、一番喜ばれることだと思っています。一度ご来店いただいたお客様が、『家偉族』という良いお店があるんだよ」と、友達を連れてきてくれたとします。そのときに、スマートに挨拶ができれば、ご紹介いただいたお客様の顔を立てることにもつながります。

では、お客様の顔を覚えるためには、どうすればいいか。

それは、必ずお客様に挨拶することです。または、一言でもいいので、会話をすることです。そうすれば、話した内容で、そのお客様のことを思い出せるときがあるからです。二言も、三言も喋る必要はありません。逆に、仲間を連れて飲みに来られたお客様は、私や『家偉族』のスタッフと話に来ているわけではないので、逆に喋り過ぎる必要はないのです。大切な話や商談の場合などもありますから、お客様に呼ばれない限りは、自ら行くのは挨拶程度がちょうどいいのかもしれません。

もう一つ次につながる営業のコツとしては、たとえお店が半分しか埋まらない日でも、空いている席を埋めようと路上に立って営業するのではなく、来てくれたお客様の席をよく見て観察し、物が落ちたら飛んでいく、グラスが倒れたらすぐに駆け付けるなど、笑顔でスピーディーに対応することです。そのような対応から、お客様に名前を覚えてもらえるようになれば、心を掴んだも同然です。『あなた』にまた会いに来てもらえるような、次につながる営業を積み重ねていきましょう。

③地域で勝ち抜け

『奇跡の個人店』は、別に全国に名を馳せる有名店になる必要はありません。お店を構えた、その地域で勝ち抜けばいいのです。

まずは、その小さなエリアの中で№1を目指してください。

『家偉族』は立川駅北口にあります。集客のためにWEB広告を打って、千葉県や埼玉県に住んでいる方に見てもらっても、遠くては集客につながりません。『家偉族』のターゲットは、立川で働く人や住んでいる人、立川でよく飲む人、団体様だと立川市の企業様などです。

しかし、立川駅は大きく、南口は歓楽街、北口はオフィス街といった町並みで、南口の錦町や柴崎町に住んでいる方、普段から南口で飲んでいる方は、あまり北口で飲んだりしません。

ですから、私の場合、オープン当時は立川駅北口で№1になることを目指していました。

地域で勝ち抜くために必要なのは、地域での認知度を高めることです。

私は、徳島県育ちですので、立川市に親戚もいなければ、縁もゆかりもありません。そんな立川市で、私が地域の一員だと認めてもらうために、ありとあらゆる集まりに参加してきました。町内会、商店街や地域の祭りやイベント、法人会や青年会議所、商工会議所など、お客様から誘われた行事はうれしくて、必ず参加するようにしていました。ここでのポイントは、〝うれしくて〟参加をするということです。いやいや参加しなければいけないような集まりではなく、自分もワクワクするような集まりに参加してください。

あるいは、自分でコミュニティをつくってもいいと思います。ただ、コミュニティをつくるなら、ある程度認知されてからつくるのがいいでしょう。認知してもらうことを目的としてコミュニティをつくっちゃうと、人集めするだけでも疲れちゃいますよね。それよりも、経営者が集まる会に参加するなど、その地域で起業している社長さんたちとの交流を持つ方が早く認知してもらえると思います。

もう一つ地域で勝ち抜くために、重要なことがあります。それは、地元の人間をスタッフとして採用することです。地元の人間を一人雇うだけで、お店の存在がその家族に広がり、友達にも広がります。地域での交流が活発になると、広告媒体を使って求人募集をかけなくても、良い人材を紹介してもらえるようになるというメリットがあります。そして、地元の人から地元の人への口コミの速度が爆速になるというメリットもあります。地域の活性化も含めて、たくさん地元の人間を採用していきましょう。

④ライバルを減らす

私が考える四つ目の神器である「ライバルを減らす」というのは、競合しているライバルを蹴落とすというのではなく、ライバルと違ったことをして独占市場を手に入れようということです。

たとえとして、ある異業種交流会の話をします。その交流会には、1業種1社しか入会できないルールがあります。そこに、私が『居酒屋』というカテゴリーで入会してしまえば、その会には『居酒屋』の経営者はもう入会できません。ライバルを減らすどころか、ライバルがいません。その異業種交流会の市場を独占できるのです。その交流会で、居酒屋を経営しているのは、自分だけ……。そうなると、何か集まりや宴会があるときは、「今度の宴会は、『家偉族』を使おう」と自然になりますし、知人にお店を紹介する際に、間違いなく『家偉族』は候補に入れるわけです。

異業種交流会は、調べればたくさん出てきます。さらには、各地域に根付いた経営者団体もあります。ただし、私は無理に異業種交流会に参加しろとか、団体に所属しろといっているのではありません。集客のために、お客様が来るか来ないかわからないWEB広告にお金をかけるくらいなら、来てもらえる可能性の高いものにお金や時間は費やした方がいいという話です。お店の経営者は、法人であれば『代表取締役』という肩書きを活かして、自分自身がお店の『顔』になって集客をすることができます。集客のために自分自身をPRする場として選ぶなら、WEB広告ではない。それだけは、強く言わせてください。

ドキ社長の〝心の羅針盤〟

四つの神器を揃えてフル装備で航海しよう！

異業種交流会の活用　～地域で無敵になるツール～

先述した異業種交流会の件ですが、ここで私の実体験を一つだけお話しします。

私の中で、一番売上につながった異業種交流会はＢＮＩ（Business Network International）という世界最大級のビジネス・リファーラル組織でした。その組織の拠点は全国各地にあるのですが、たとえ話でも出したように、それぞれ1業種1社しか入れません。現在は、オンラインが主流の交流会になってしまったようですが、私がはじめて参加した2016年当時は、毎週木曜日の朝7時から9時までの2時間、立川のホテルエミシア東京立川で定例会を行っていました。そして、基本ルールとして、毎週木曜日の定例会で、この会を介してビジネスの機会をもらったか、または機会を与えたかを発表しなければいけませんでした。そのため、私たちBNIメンバーは、日常の中にビジネスチャンスがあれば仲間に仕事を紹介しようと、全メンバーの名刺を毎日持ち歩いていました。

毎週木曜日の朝6時には会場に集まり、メンバー全員が役割を持って運営していました。朝が苦手な私ですが、月に200万円程の売上になるツールだと思って、他店が寝ている間に営業活動していたのです。飲食店のカテゴリーでは、他にイタリアンや和食のお店がメンバーとして在籍していましたが、『大箱の居酒屋』というカテゴリーでは、ずっと『家偉族』が市場を独占し、団体様の宴会をたくさんご紹介していただきました。それもあって、約3年間も続けることができたのだと思います。もちろん、体力的にはしんどかったです。過酷ではありましたが、きついことを一緒にやった仲間って、一生の宝物ですよね。弁護士、司法書士、税理士、社労士、ハウスメーカー、カメラマン、動画制作、求人広告、生花店、接骨院、歯医者、占い師など職業も違うし、年齢も違うのに、あの当時の経営者たちは今でもたまに会っても、友人のような感覚で話ができます。ゲートキーパーにでもなったかのように地域での人脈がとても広がりました。今でも、仕事のパートナーとしてお付き合いしている人たちもたくさんいます。私は、異業種交流会に参加して集客するだけではなく、パートナーを得ることもできたのです。

料理が大好きなオーナーシェフや料理長なら、開店前の時間を使って市場へ行き、自分の目で食材を選んでいるのかもしれません。そんなこだわりがあってもいいと思いますし、お客様の喜ぶ顔を想像しながらの食材選びは、毎日でも飽きませんよね。ただ、それほどお店のことに費やせる時間があるのであれば、月に一回でもいいから、朝や昼の時間を集客のために使ってみることを強くお勧めします。

集客に悩んでいる飲食店の経営者様は、なかなか夜開催の交流会には参加できません。夜が本業の時間だからです。でも、夜に開催される交流会のほとんどが、お酒を飲んでおしまいだったり、名刺交換しても、相手の顔も忘れてしまったり、きっと相手側もあなたのことを覚えていないことが多いと思います。何度も顔を合わせないと覚えてもらえないような異業種交流会は、仕事につながるまでにも時間がかかります。しかし、朝や昼に開催している異業種交流会は、交流会後に、一緒に仕事をするという方もいらっしゃいますし、ビジネスの場ですから基本的には禁酒なので、顔を覚えてもらう速度は夜開催の交流会より早いです。ご自身の地域には、どんな交流会があるのか。ぜひ一度探してみてください。昼の交流会は、飲食店やラウンジ・スナックのママなども参加していることが多いので、情報交換もできます。飲食店のオーナーは、夜遅くまで働いていますから、昼まで寝たい気持ちはわかります。しかし、それが大型契約を交わせるチャンスだとすれば、どんな時間でもその打ち合わせに行きますよね？

余談ですが、私の経営者仲間の中には、いくつもの異業種交流会に在籍している人もいます。その方は美容師ですが、新店舗を出すときに、必ずその地域にどんな経営者会があるのか、その経営者会はビジネスが飛び交うほど盛り上がっているのかなどをチェックしてから決めるそうです。広告にお金をかけるより、お客様として来てくれる可能性が非常に高いものにお金を費やしています。それくらい各地域の異業種交流会は、売上に直結する大切なツールなのです。

ドキ社長の〝心の羅針盤〟

異業種交流会は、一つのツールと考えて参加する！でも、依存はするな！

何万人もの営業マン　～リピーター様の底力～

開業一周年の祝いのとき、ある落語家が『謎かけ』をしてくれました。

〝家偉族〟とかけまして、〝お気に入りのお洋服〟と説く。

その心は……、

一度キてみれば、またキてみたくなる

その通りで、私には、オープン当初から、「一度お店に来てさえいただければ、また来てくれる」という自信がありました。だからこそ、リピーター様を、とても大切に考えています。

リピーター様は、私のお店の営業マンとなって、たくさんの人を紹介してくれる大事な存在です。前項の異業種交流会の話ではないですが、リピーター様は私の名刺を持って歩いてくれているのと同じことです。

会社で営業マンを何人も抱えようと思ったら莫大な経費がかかりますが、自分のことを売り込んでくれる営業マンは何人でも欲しいですよね。

まわりに紹介したくなるお店とは、どんなお店でしょうか?

おいしいお料理や、種類豊富な飲み物を提供できる店でしょうか?

いいえ、それだけではありません。

今、世の中には物が溢れています。
それらの商品力に、そこまで違いがあるように見えません。
商品力による差別化が難しい今は、その商品を『誰から買うか』の時代です。
これを居酒屋に置き換えると、『どこで飲むか』の時代です。

つまり、お客様の心を掴んだ者が勝つ時代であり、サービス業をする人は、全員が『人たらし』でいいと思います。

人から好かれたり、頼りにされたり、相談されたり、安心して任せられたり、または面白い人だったり。人から好かれることで得することが、数えきれないほどあります！　それらをうまく使えれば、次もお店を選んでくれるリピーター様となり、まわりに紹介せずにはいられない、お店のファンになってくれるはずです。こんなに心強いことはありません。

逆に、経営者である私が嫌われてしまったら、どんなに良いお店づくりを目指しても、お客様は来ませんよね。

では、人に嫌われないために、心がけることとは、何でしょうか？

人には、相性や向き不向きがあるので、完全に嫌われないことは難しいかもしれませんが、それでも、最低限人に嫌われないようにする方法はあります。

それは、とにかく人の悪口は絶対に言わないこと。

人の悪口を言わないようにすることが、実は一番難しいのです。でも、人ってどこでつながっているかわかりません。まさかというつながりがたくさんありますから、人気商売であるならば、絶対に悪口や否定的なことを言うのはやめて、一人でも多くの人から愛される人になりましょう。

ドキ社長の〝心の羅針盤〟

人の悪口は、絶対に言わない！

ドキ社長が『家偉族』の船長になるまで　〜哲学インテリ学び編〜

沖縄を飛び出し、おじさんの家での居候生活をはじめた私は、借金返済のために働くことにしました。そして、おじさんの紹介で、水道工事の現場で働きはじめました。掘削から道路の舗装までを一貫して行うので、厳しい肉体労働でした。

その現場で一緒に働いていたのが、やせ型で、いつも黒ぶちメガネをかけている30代半ばの男性でした。ここでは『メガネさん』と呼ばせていただきます。

メガネさんは、いつもタバコを吸っていましたが真面目そうな人でした。実は、20代の頃から、ある政治家の事務所で側近として働いていたそうです。

なぜ辞めたのかを聞いても、

「言えない。ていうか、言わない」

と言って、絶対に教えてくれませんでした。そんな、どこかミステリアスな存在のメガネさんが、ある日私に一冊の本を勧めてきました。メガネさんは読書家で、いつも本を読んでいましたが、私に本を勧めてくることは、とても珍しいことでした。

「上杉鷹山《うえすぎようざん》って知ってるか？」

「え？　……知りません」

「ジョン・F・ケネディ大統領は、わかるよな？　そのケネディが尊敬する人として、『YOZAN UESUGI』って、言ったんだって。だから、ぜひドキにも、上杉鷹山の本を読んでもらいたいんだよ」

「え？　なぜですか？」

「お前は、たぶん将来、経営者になると思う。もし、ドキが経営者になったとき、上杉鷹山の本を読んで良かったって絶対に思えるから、読んでみろ」

「わかりました。……じゃあ、読んでみるので、貸してください」

「本は貸さない。自分で買って読め。勉強にもなるし、いつでも何回でも読み返せるように、本は買って読め」

上杉鷹山は、江戸時代中期の米沢藩（現在の山形県東南部）の大名です。私は、本などあまり読んだことがなかったし、歴史上の人物についても詳しくはありませんでした。しかし、メガネさんが勧めてくれた本ならと、素直な気持ちですぐに買いに行き、読みはじめました。

案の定、難しい言葉や漢字ばかりが並び、情景もいまいち浮かばず、全然面白くないまま80ページくらいまでは、辛抱して読み進めた記憶しかありません。しかし、100ページを超えたあたりから、その上杉鷹山という人の歴史の中に引き込まれていきました。

この本を私なりに解釈して得たことは、

「改革をするときには信念を貫くこと」と、「誠実であること」です。

革命を起こすとき、最初は変わり者扱いされます。〝非常識〟を〝常識〟にしていくわけですから、もし言葉で説得できないなら、行動して結果で示し続けるしかないのです。その過程には、反乱もあれば裏切りもあります。自分から離れていく人もいます。しかし、上杉鷹山は、人と触れ合い、少しずつ信頼を勝ち取っていくのです。

藩財政が厳しかった米沢藩の藩主となった上杉鷹山でしたが、最初は支持する藩民が少数しかいませんでした。しかし、藩民の声を直接聞くことを大事に考える人で、藩民たちも次第に、「噂と違って、良い人かもしれない」と思うようになり、少しずつ信頼を勝ち取っていきます。一国一城の主であれば、好き嫌いで判断せず、つねに平常心で冷静に中立でなければいけません。私は、上杉鷹山から、必ず双方の意見を聞いてから判断することの大切さを学びました。

そして、絶対に怒らないこと。感情的になり、堪忍袋の緒が切れて爆発してしまったら、今までの計画や努力、我慢してきたことが、全部台無しになってしまいます。自分がどんなに大きな目標やビジョンを抱いていても、それが大きければ大きいほど、他人には見えないものです。大きな目標を達成するためには、小さな目標をいくつも達成していくことが重要であると、私はこの本から教わりました。

上杉鷹山と藩民の関係性は、自分のことを応援してくれる人を、自分も愛していくことの大切さを教えてくれます。応援してくれる人が、たとえ最初は少人数でも、結果が伴えば信頼してくれる人は増えていきます。人間は、歩き出す一歩目が、一番勇気がいるんです。『反対』と言っていた人が、『賛成』と言い出すにはとても大きな勇気がいることなので、なかなか言い出せません。しかし、大勢が言い出したら、まるで確信したかのように、体裁を気にせず『賛成』と言い出す人が続々と増えていきます。生々しいですが、流されることが多いのも人間です。種蒔きをしても、しばらくは平行線に近いくらい緩やかな右肩上がりだったけれど、ある日突然、一斉に〝花〟が咲きはじめるように、良いことも悪いことも、どんどん咲き広がっていくことは、この世の常です。

上杉鷹山は、まさに『成功曲線』の物語です。

まわりにどう思われようと、信念を貫くことの大切さを教えてくれたこの本を勧めてくれたメガネさんには、本当に感謝しています。政治家の側近を辞めた理由に、頑なに蓋をしていたメガネさんは、一体どんな人生を送っていたのでしょうか。

上杉鷹山の有名な言葉が、『為せば成る　為さねば成らぬ　何事も』です。今は、インターネットが普及し、『上杉鷹山』と検索すればすぐに何をした人か調べられる時代です。しかし、当時はまだ、携帯電話が普及して間もない頃で、まだまだ本の力は絶大でした。もしかしたら、メガネさんにも夢があって、それを叶えるために読書をしていたのかもしれません。私自身も、それからは、たくさんのことを本から学びました。その中でも、特別な一冊となったこの本を、経営者になる前に読んでおいてよかったと、心から思っています。

第5章

“日本最大級”の個人店となった理由

一度の「閉店」から生まれた個人店としてのこだわり

実は、私も大失敗したことがあります。

2017年の夏。『家偉族』をオープンして一年半が経った頃、吉祥寺駅に2店舗目となる『一滴枡《いってきます》』という焼き鳥店をオープンしました。

約40坪のスケルトン物件を、約2千500万円かけてリフォームして、お店をつくり込みました。地下1階にある物件だったため、地下へ続く階段は、特別塗装などで洞窟のように装飾し、扉を開けたら昭和時代にタイムスリップしたような店内に仕上げました。

お料理に関しては、国産の銘柄鶏を使用し、ほとんどの部位が生でも食べられるほど新鮮な鶏肉を仕入れ、一串一串丁寧に刺した手作りの焼き鳥を提供していました。

集客に関しては、『一滴枡』の社員2名を吉祥寺エリアの異業種交流会に参加させ、私の戦略としては、盤石な体制で営業をしていました。

しかし、吉祥寺駅から徒歩3分という好立地にもかかわらず、飛び込みで入ってくるお客様は、ほとんど皆無でした。その原因は、買い物をしたり飲み歩いたりする人通りが多い繁華街とは違う方角にお店を出店してしまったためです。私が出店したのは、住宅街が多い方角でした。そのため、お店の前の道は人通りが少なく、夜の時間帯は帰宅する人ばかりでした。私は、吉祥寺という町の独特な特性を、理解していませんでした。

吉祥寺に『一滴枡』がオープンして半年が経った頃、さすがに経営の危機を感じるようになりました。私は、立川の『家偉族』の営業を社員たちに任せて、しばらく『一滴枡』の経営に専念することにしました。すると、少しずつですが、私のファンも増え、毎日来るお客様も増えて『一滴枡』の売上は伸びていきました。

しかし、今度は、『家偉族』の売上が下がったのです。

そのとき、私は気づきました。

今の体制では、自分が理想としたカタチはつくれない。体は一つ。自分自身がそこにいられないなら意味がないと。

『一滴枡』は、一年間で1千400万円の営業赤字を出しました。
毎月平均100万円以上の大赤字です。

スタッフたちは、「もっと頑張るから、閉店しないでくれ」と言ってきました。頑張ってくれていたので、きっと、もう少しだという手ごたえを感じていたのだと思います。それは、とてもうれしいことでした。しかし、もう1ヶ月営業して、また赤字なら……本当に会社が倒産していたという段階まで来ていました。

私は、この経験から、どんなに良い店でも、お金が無くなれば、お店もなくなってしまうことを学びました。そして、増店をする多店舗展開は、金稼ぎに過ぎないのだと。

『奇跡の個人店』は、1店舗だけで運営するのが好ましいと思います。でも、もし2店舗目を出店するなら、命をかけてお店のことを考えてくれるスタッフを社長にして、独立の支援をしてあげる方がいいのかもしれません。

増店の考え方

『奇跡の個人店』にするなら、1社1店舗制が好ましい。

結果的に、『一滴枡』は一年で閉店しました。

この出血を止めることなく、あと1ヶ月閉店するのが遅かったら、立川の『家偉族』も潰れていたかもしれません。今でも、あの決断は間違えていなかったと思っています。

この経験のおかげで、『家偉族』だけでも守ることができました。

しかし、この経験があったからこそ、『家偉族』はさらに『奇跡の個人店』としての力を発揮していくことになるのです。

ドキ社長の〝心の羅針盤〟

潔さが、復活への近道になることもある！

ドリンクの提供スピード日本一　～損した気分にはさせない～

『家偉族』は、ドリンクの提供スピードが、とにかく速い！

どれくらい速いかというと、お客様が笑っちゃうくらい速いです。

お客様から、「なんでやねんっ！」って突っ込まれるくらい速いので、ぜひ体感しに来てください（笑）。

ドリンカーやホールスタッフをつねに溢れるくらい配置して、ドリンクの提供スピードだけは他のお店には負けないつもりで、オープン以来ずっとそのスピードを保ってきています。

なぜ、そこまでドリンクを提供するスピードにこだわるのか。

みなさんは、2時間飲み放題をオーダーしたのに、注文したドリンクがいつまでも来ないで、そのまま時間だけが過ぎていく……、そんな経験をしたことがありませんか？

グラスが空っぽになり、注文したドリンクがなかなか来ないと、弾んでいた会話も止まってしまいますよね。そうなると、「生ビールなんて、ビールサーバーのレバーを下げるだけでできちゃうじゃん！　何分も来ないなんて、ホールスタッフが少な過ぎてまわってないだけじゃん！」と思ってしまうのは、私が居酒屋の人間だからでしょうか？

『家偉族』のスタッフたちは、お客様の、その笑っちゃう笑顔が見たくて、ドリンクを優先して運んでいます。新人スタッフであろうが、経営者であろうが、お客様のもとに一秒でも早く届けるためには、誰が運んだっていいという気持ちでいます。そして、『時間無制限飲み放題』であれば、一杯でも多く飲んでいただきたいと思っています。

ドリンク提供の考え方

どの仕事を置いても、ドリンクの提供を優先する。
一杯でも多く飲んでいただく気持ちで運ぶ。

ドキ社長の〝心の羅針盤〟

ドリンクの提供スピード日本一こそが、『家偉族』の真骨頂！

電話は3コールまでに出る　～チャンスは逃さない！～

『家偉族』には、『電話は3コールまでに出る』というルールがあります。

もし、2コールが鳴り終わる頃まで誰も取らなければ、「え？　誰も出ないの？」と、店のスタッフたちは電話に向かって全力疾走しはじめます。コードレス電話なので、所定の場所に電話がないときは、慌てて「電話はどこだ！」と必死になって探し、見つければ、電話に飛びつくくらいの勢いで、『電話は3コールまでに出る』を徹底しています。

なぜ、そこまで電話に早く出ることにこだわるのか。

もし、その一本の電話が、5千円コース・100名様の予約のお問い合わせだとしたら、50万円の売上になるかもしれないからです。その大きな売上を、忙しくて電話に出られないという理由で捨ててしまうなんて、もったいないですよね。

『家偉族』は、団体様に特化したお店です。特に、大きな団体様であればあるほど、幹事様が複数人いらっしゃる場合があります。その幹事様たちが、いくつか候補のお店がある中、『家偉族』に問い合わせしてくれているのです。その電話が取れなければ、お客様は次の候補のお店に電話をしてしまうでしょう。そして、お客様は、つねに忙しい時間の合間を縫って、電話をしていると想定できます。その中で、5コール鳴っても電話に出てもらえなければ、どう思うでしょうか？

よく大手グルメサイトで見る「050……」からはじまる電話番号は、そのサイトを経由する予約専用の電話番号であり、お客様側からは、すでに2コール鳴っている状態で、やっとお店の電話の1コールがスタートします。お客様が電話で3コール目を聞く直前に、やっとお店側に1コール目が鳴るくらいの時差が発生しているのです。つまり、『家偉族』のスタッフたちが3コール目で出たときには、お客様にとっては5コール鳴っていることになります。当然、忙しくて時間がない中でのお問い合わせですから、5コール以上も待たせてしまうと、電話は切れてしまいます。

電話の考え方

その電話一本に、数十万円の価値がある。
予約電話の1コール目は、お客様にとって既に3コール目。

空中階に出店しているお店は、予約なしの飛び込み客が入ってくる確率は、路面店舗に比べたら少ないです。そこで、予約で埋まるお店づくりを目指さなければなりません。そのためにも、『家偉族』では、電話での予約やお問い合わせを一本も逃さないように、電話は3コール目までに出るようにしています。

ドキ社長の〝心の羅針盤〟

電話はお店の玄関でもある。笑顔が伝わるくらい明るく元気に話しましょう。

ランチ営業の本当の目的　～経営者が一番働け！～

店舗の家賃は、営業時間に関係なく、24時間ずっとかかっています。

その中で、少しでも売上をつくるために営業時間を長くするなら、ランチ営業をするという考えもあります。昼間に来てくれたお客様が、夜になって飲みに来てくれることがあります。このように、夜の集客を期待して、ランチ営業をするのも間違いではありませんが、私の考えるランチ営業の本当の目的は、それではありません。

ランチ営業の考え方

夜のお客様を獲得するための営業時間。
予約電話を逃さないための受付時間。
手間暇かける仕込みの時間。

『家偉族』は、昼に鳴る予約電話を取るために、ランチ営業をしているようなものです。

夜の営業が繁盛している店舗であればあるほど、事務所のないお店はランチ営業をした方が良いと考えています。たとえば、会社の飲み会であれば、昼の休憩時間を利用して、予約電話をしてくることも多いです。事務所も構えない個人店なら、ランチ営業をしながら仕込みをして、常に昼に鳴る電話に対応できるようにしておきましょう。

「経営者は雇用主」ともいいますが、私の考えの中では飲食店に限っては経営者が一番の労働者でなければいけないと思っています。世の中には、移転を繰り返したり、お店を潰してはまた新たに開業したりを繰り返し、結局何度やってもうまくいかない飲食店経営者がいますが、そんな人たちに共通しているのは、『経営者自らが働かない』ですよね。

ランチ営業も夜営業もとなると身体は持ちませんので、バランスよくどちらの時間帯にもお店に立つようにすると、お店全体の雰囲気づくりや管理もしやすくなると思います。

お店の顔である経営者自らが一番働くことで、教育もできるし、スタッフとコミュニケーションも取れるし、数えられないくらいの効果があるんです。

自分が働けば、人は働くんです。そして、人はついてきます。

自分が動かないから、人を動かせないのだと思って日々、自分の鮮度が落ちないようにお店に立っています。


ドキ社長の〝心の羅針盤〟

自分が動いていない人は、人を動かすことなんてできない！

笑顔を絶やすな　～夢を持って働けているか～

体調が悪い日もあれば、気分が乗らない日もあります。人間だから、機嫌が悪いときだってあるでしょう。それでも、接客中は笑顔で対応することが、一番大事です。

『家偉族』では、笑顔になれない日は、お客様の前には行かないでと言います。私が笑っているんだから、あなたも笑ってよって、スタッフにはいつも言葉をかけています。笑ってさえいればたいていのことはうまくいくんですから。

舞台俳優はいろんなバックボーンを背負ってお客様を喜ばせます。

そのために、役になりきります。

スタッフにも、キャストとして、笑顔を絶やさずにホールに立ってほしいのです。

『家偉族』のスタッフは、社員もバイトも関係なく、間違いなく日本一働きます。

私は、スタッフの悪口や失敗談を、過去のことであっても言わないし、書きません。本著でも、書くのは自分が失敗して学んだことだけです。体の成長期が人それぞれ違うのと同じで、仕事を覚える速さも人それぞれなのですから、成長していなかった時期のことを取り上げても意味がありません。

スタッフが自分の期待どおりに働いてくれないからといって、「仕事ができない」と査定してしまうことには、違和感があります。まずは、スタッフ一人ひとりの性格を知ることと。そして、「まわりに流されるタイプだろうか？」「褒めて伸びるタイプか？」「泣いてでも努力するタイプか？」など、それぞれの個性を知ることだと考えています。

そして、一番大事だと思っていることが、「夢はあるのか？」です。

そういったことを知るために、スタッフとのコミュニケーションを大切にしています。

私は、特に、将来の夢を持つスタッフを大切にしています。

もちろん、全員が頑張ってくれていますが、目の前の仕事だけを頑張る人は、少し注意するだけで、意外とすぐにやる気をなくしてしまう傾向が強いです。仕事に対して言われたくないから頑張っていたわけであって、そのたった一つだけ自信を持っていたものを取り上げられてしまったような感覚に陥るのだと思います。

しかし、夢がある人は、頑張り方が違います。

夢のために、仕事を頑張るんです。だから少し注意しても、仕事に対する変なプライドが強くなく柔軟に素直に聞いてくれます。そして、芯も強くこんなところで躓いていたら、夢なんて叶わないというマインドを持っている人が多いです。

私もそうです。俳優として映画をつくりたいという夢をいまだに持っています。

叶うか叶わないか、わからなくても少なくとも毎日一歩ずつ近づいているんだという日々の糧になっています。

この夢があるから、どんなことでも頑張れるのだと思っています。

ドキ社長の〝心の羅針盤〟

笑顔で頑張れるのは、夢に向かって前進している証拠だ！

大波だって乗り越えろ　～奇跡は諦めなかった人にだけ起きる～

ここまで、私の人生を振り返ってきましたが、『一年で閉店した吉祥寺のお店』などの失敗もあるけれど、乗り越えられなかった苦難ではありませんでした。それ以外は、順風満帆に過ごしてきたように思う方もいらっしゃるでしょう。

しかし、乗り越えられそうにないと思った苦難がやってきました。

２０２０年、新型コロナウイルスの感染拡大が起こります。これにより、飲食店に行く人が減るだけではなく、『営業時間は20時まで』や『酒類の提供禁止』など制限され、さらには店内での感染対策が求められるようになり、飲食業界は大打撃を受けました。

当時の経済は、本当に麻痺していました。

飲食店だけではなく、宿泊施設や旅行会社、航空会社、美容室なども大打撃を受けたはずです。当時はネガティブな話題ばかりで、みんなが疲弊していました。

もちろん、『家偉族』も例外ではありませんでした。

本来であれば、歓送迎会シーズンの繁忙期。しかし、2月下旬から予約キャンセルが相次ぎ、４月にはとうとう予約が０になりました。

『家偉族』は、いよいよ固定費などの支払いの滞納が発生していました。

社員たちの固定給が支払えなくなり、六人いた社員のうち五人が自ら辞めていきました。

残ったのは一番若かった社員一人のみです。すべての取引業者様への支払いも2、３ヶ月の滞納が発生し、さらに、半年分の光熱費を管理会社に立て替えてもらっており、もっとさらには滞納している家賃は10ヶ月分という状況でした。そして、その状況のまま、追い打ちをかけるように賃貸の契約更新のタイミングが来てしまったのです。

私は、どこかで逆転劇が起きるかもしれないという期待を胸に、契約更新の手続きに行きました。同じような大きな箱の居酒屋が次々と閉店していくのを見て、コロナ禍を乗り越えさえすれば一人勝ちの時代がやってくることは確信していたからです。

だから私は、コロナ禍前の実績などを丸裸になって見せて、「コロナ禍が終わりさえすれば、絶対に復活できる」「こうなってしまったのは私の責任じゃない」と一生懸命に訴えたのです。

しかし……

「上地さん、もう無理でしょ。コロナ禍もいつ終わるかわからないし、これだけ滞納して、どうやって払っていくんですか？」

ビル管理会社の社長（以下、ゴルフが好きなので『ホールインワンさん』）からの言葉に、とても落胆しました。当然のことであり、私も返す言葉もありませんでした。

世の中は、契約社会だといわれています。そして、契約書には、双方が折り合わなかったときの揉めごとを少なくするためのルールが書いてあります。しかし、「コロナによるパンデミック」という未曽有《みぞう》のできごとについては、緊急事態時の取り決めの項目や特約などの記載がありませんでした。それだけ、誰も想像しなかったことが起こったということなのです。

それでも、最後の一日で逆転劇が起こるかもしれない。

「**奇跡は諦めなかった人にだけ起きる**」

どこかで聞いた言葉の期待もむなしく、そのような状態でもちろん契約の更新なんてできませんでした。

……契約上は。

そうです、契約上は……です。

ホールインワンさんの言葉は、確かに厳しい言葉でした。しかし、実はその言葉は、情に厚いホールインワンさんの優しさからだったのです。

「………うちが立て替えている光熱費だけ納めてくれたら、滞納している家賃は、もう払わなくていいから。私から、ビルのオーナーに、もう家賃を支払う能力がないと話しておくから。国から協力金が入ってきたら、そのお金で小さなお店でもはじめて新しいスタートきりなよ。それが、賢い判断だと思うよ。クラスターなどで、しばらくは団体の宴会なんてないと思うよ。少人数で飲む時代になるんじゃないかな。いつ日常が戻るかは、誰にもわからないんだからさ」

きっと私だけではなく、ホールインワンさんが管理しているビルの飲食店のすべてが経営の危機に陥っていたり、滞納が発生していたりして、たくさん対応してきたのだろうと想像できました。継続することを諦めて閉店するお店様もあったことでしょう。それでも、私のことを思って、協力金で小さなお店から再出発したらどうかと言葉をかけてくれたことにとても感動しました。しかも、立て替えてもらっている光熱費さえ払えば、滞納している家賃については、オーナー様に交渉してくれるというのです。それは、ホールインワンさんにとっても、簡単なことではなかったはずです。

私は、まさかの言葉に、心が揺れました。

「『家偉族』を閉店するのは、このタイミングかもしれない」と。

それに、こんな好条件で閉店できるなんて大大大チャンスだと思いました。

「一日だけ、考える時間をください」と伝え、その日は帰ってよく考えることにしました。

親や友人にも、ホールインワンさんから言われたことを伝えると、「それが本当なら、そうしなさい」と、口を揃えて言われました。

その日、閉店して再出発しようか悩みながら目を閉じていました。開店する前からのことを思い返し、資金集めに奔走《ほんそう》した日から今日に至るまで改めてたくさんの人の「愛」に支えられてきたことに、いつの間にか泣いていました。閉店という決断をする悔しさではなく、たくさんの方々の顔を思い出して涙が止まりませんでした。

はっきりと結論も出ないまま次の日の昼。

ホールインワンさんとの打ち合わせの前に、いつものようにビルの下でお弁当を売っていました。何度も、わざわざ電車に乗って500円のお弁当を買いに来てくれるお客様がその日も来てくれて「絶対乗り越えてね」と、毎回のように励まして帰っていきます。

昼前にはまた、別の常連様たちが飲みに来てくれて、「どうせお金を使うならここで使おうと思ってね。私たち、このお店がなくなったら困るんだから」と、楽しそうにお酒を飲んでいました。

「『家偉族』は、この笑顔をつくれるお店なんだ。そのためにやってきたんだ。お客様のためにもお店を続けたい」

『奇跡の個人店』は、自分の『人生の結晶の店』。

「『人生の結晶』なのだから、自分の人生の〝再生〟のために諦めてしまうのは、違うだろ」


そこに、辿り着きました。


その日の午後、ホールインワンさんに『家偉族』を「続けたい」と伝えました。

ホールインワンさんは、諦めの悪い私に対して、「気持ちはわかるけど、現実を見ろよ！」と、声を少し荒らげました。

あのとき、自分が何を言われたのかはもう記憶にないのですが、同席していた管理会社の別の社員さんが、「少し落ち着いてください」と、ホールインワンさんをなだめていた記憶があります。きっと、私が閉店することを予測して、準備していたこともあるのでしょう。せっかく私のために、再スタートできる道をつくってくれようとしたご厚意を私が断って、お店を続けたいと言ってしまったものだから、怒るのも仕方ないのかもしれません。

そうこうするうちに、ついに奇跡が起きました。

「……わかりました。では今回は、とりあえず更新手続きはしません。……でも、居ていいですし、営業もしていいです。協力金が支給されるのがわかっているなら、様子を見て判断させてください。ただし、私もビルのオーナーを説得しなければいけません。説得させるために、返済計画を立ててください。何よりも優先して払いますという意志も添えてください。そして、返済計画書ができたら、もうこれ以上膨れ上がらないように、必ず期日通りに返済してください。いいですね」

お店に戻り、スタッフたちに立ち退かなくてもよくなったことを報告すると、「こんなに滞納していて、どうやったらお店を続けられることになるんですか?」と、不思議そうに、でもうれしそうに、みんなの笑みがこぼれていました。

今でもよく思うことですが、あのときの私と同じような場面に遭遇した経営者が100人いたとしたら、何人の経営者が「続ける」ことを選択するのでしょうか?

ドキ社長の〝心の羅針盤〟

どんな荒波の中でも、自分の『人生の結晶』を信じること!

クラウドファンディングへの挑戦！　～プライドは必要ない～

それは、とても勇気のいることでした。

2020年5月、経営に困った私は、クラウドファンディングに挑戦することを決めました。それは、「私は、困っています！」と、世間に公表するようなものです。

それでも、そのときの私には、それしか道がありませんでした。「一年で閉店した吉祥寺のお店」の悪影響もあって、無利子無担保にできる新型コロナウイルス感染症特別貸付を受けられなかったからです。

あのときほど、国を恨んだことはありませんでした。

そして、あのときほど、絶望を感じた瞬間はありませんでした。

「この未曽有のできごとが起こったからこその特別融資が、過去の経営状況も査定されるなんて！」と、心の中で叫んでいました。

クラウドファンディングの運営側も、当時はコロナ禍ということもあり、なるべく困った人たちに支援金が届くようにと、運営側に支払う手数料は特別な低価格で設定していました。

少しお金を払えば、上手なクラウドファンディング用の募集ページが作成できたのですが、そのお金も節約して、成功事例を参考にして自分で募集ページを作成しました。返礼品や値段設定も、すべて自分で決めました。

1ヶ月間、支援を募り、結果的には106名の方にご支援いただき、約120万円の支援金が集まりました。

そのお金は、1ヶ月分の家賃の足しになりました。少しだけでも管理会社さんにアピールすることができたし、協力金が支給されるまでの時間稼ぎができました。

106名の支援者様に返礼品を送る際には、感謝の気持ちを込めて一人ひとりに直筆の手紙も添えて贈りました。中には、感極まって泣きながら書いた手紙もありました。

異業種交流会で出会った経営者の仲間たちや、『家偉族』に何度も来てくれる常連様などが、主な支援者でしたが、中には、いつも何かあると助けてくれる地方へ嫁いだ友人や、35年くらい連絡を取っていなかった小学校3年生のときの担任の先生からの支援もいただいたりと、人生の人脈の結晶のようなたくさんの方が『家偉族』の存続のために支援してくれました。本当に感謝しています。ありがとうございました。

もしも、この世に神様がいて、私を成長させるために苦難を与えているのだとすれば、ぎりぎり乗り越えられるくらいの苦難ばかりを与えてくれているのかもしれません。

ドキ社長の〝心の羅針盤〟

普段から崖っぷち精神でいれば、何でもやれる！諦めず、とにかく前へ進め！

ドキ社長が『家僕族』の船長になるまで　～労働パワフル復活編～

おじさんの家で居候生活をはじめて、一年が経った頃の話。当時、おじさんの家には四人の子どもがいました。おばさんは、「四人も五人も一緒よ」と言って、私の洗濯物も一緒に洗ってくれたり、毎晩食事を用意してくれたり、自分の子ども同然に面倒を見てくれていました。しかし、借金返済中の私は、おばさんが優しいからこそ、一銭も生活費を入れられないことへの心苦しさを感じるようになっていました。

ちょうどその頃、水道工事の仕事をしていた会社が倒産し、新しい仕事を紹介してもらいました。その会社は、土木現場や工事現場への人材派遣をしている会社で、寮もあると聞き、そのタイミングで、おじさんの家を出て寮に入ることにしました。

その寮は、まるで映画のような光景でした。いろいろな事情を抱える人たちが集まり、世間の目を避けるように生きている人たちばかりでした。

刑務所上がりの元犯罪者
風俗嬢に手を出して業界を追放になった風俗店の元店員
最愛の奥さんの墓前に毎日手を合わせに行く男性
仕事以外の時間をパチンコ屋で過ごす人
私と同じように借金を抱えて社会復帰を目指す若者など
一人ひとりのエピソードだけでも、ドラマになりそうな人たちが辿り着いた巣窟のような場所でした。

寮では、事件や喧嘩も絶えなかったです。一人の女性を取り合って大揉めになった人たちもいれば、突然寮からいなくなり無断欠勤したかと思えば、「警察に捕まっていました――」と、笑いながら平然と帰ってくる人もいました。

社長の自宅の金庫を盗んだ人もいました。ある日、強盗の前科がある人と同じ現場に入った日のこと、その現場に向かう車の中で銀行のＡＴＭを指さしながら、「あそこにあるATMを、ユンボで吊ってトラックに乗せて持っていくとか、ドキくんとなら成功すると思うんだよね」と、真面目に言われたことがありました。突っ込みを入れようか迷いましたが、私自身もやはり怖くて、そんなことできる余裕はありませんでした。

私は、ここではじめて、「自分は落ちるところまで落ちたな」と強く感じました。ただ罪を犯していないだけで、社会のレールからは大きく脱線した生き方をしてきたことに気づかされたのです。そこには、『自分だけは特別な人間だ』と思って生きている人たちばかりだったからです。

現場での泥仕事は、とてもハードでした。

お金が必要だったので、日勤、夜勤、また日勤と、寝ずに稼ぐ日もありました。いろいろな仕事をしてきましたが、たとえば、大手企業の工場にあるクリーンルーム内のFFU（ファンフィルターユニット）の取り付け作業、某大学の正門前にある急な坂道の道路舗装工事、産業廃棄物処理場内の清掃など、あまり経験できないような場所での仕事ばかりで刺激的な毎日でした。その中でも、一番印象に残っているのが、有名な遊園地にあるジェットコースターを取り付ける仕事です。正確にいえば、ジェットコースターというほどの大きなアトラクションではないけれど、急なカーブを右へ左へと駆け抜け、真下を見ると海が広がり、そこに落ちそうな恐怖を感じるエキサイティングな乗り物でした。その乗り物の本体を、滑走するタイヤに取り付けるのですが、その取り付けるネジが本当に小さくて、「え？　こんな小さなネジでいいの？」と、みんなが口々に言っていました。取り付けるネジの本数が多かったので、それなりの強度はあるのだと思いますが、実際に取り付けながら、本当にこの小さなネジで事故が起きないのかが、心配になるほどでした。取り付けたあとに試運転があり、そのとき作業員は乗り放題です。もちろん、怖いので乗りたくないのですが、最終的には乗ることになります。あのネジの小ささを知っているからこそ余計に怖くて、あの試運転が、私の中で人生最高の〝絶叫マシン〟となりました。

そんな刺激的な日々が過ぎるのは早く、あっという間の2年間でした。俳優になるという夢を持ち続けて達成した借金完済。やっと、あの寮を出られる日が来たのです。

寮を出る前日、雇用先の社長から自宅に招かれ、手料理を振る舞っていただきました。ご馳走になるだけではなく、餞別にと現金3万円もいただいた記憶があります。

働いていたときは、本当に大変でした。それでも、やはり社長には、感謝の気持ちしかありません。その感謝の気持ちを伝えたくて、「将来、僕が出世したら、社長に何でも買います。それが、恩返しです！」と言いました。そのとき、社長が私に宮崎弁で、かつ素敵な笑顔で返してくれた言葉にとても感動したことを、今でも忘れません。

「ドキよ。よく頑張ったなぁ。2年間、お疲れじゃった。恩返しとかは気持ちだけでいいとよ。たまにでええから、顔見せに来てくれるだけでうれしいとよ。たまーーーにでええから、お前が成長していく姿を見せに来てくれるだけでええから。お前が成長したら成長したで、お前にも面倒見んといかんやつがいっぱいできるとよ。そいつらにいっぱい金使ってやれ。わしはわしで、これからもわしのそばにいるやつの面倒を見なあかんから、お前は気にするな。これから、おまえのそばにおるやつができたら、わしがお前の面倒見たみたいに一生懸命に面倒見てやれ」

私は、堪えても堪えても嗚咽が漏れ、拭っても拭っても涙が止まりませんでした。辛かった2年間の生活と借金を完済したという達成感と、また俳優養成所に通える喜びと、別れる寂しさと、いろんな感情が入り混じった涙でした。

経営者になった今だからこそ、あの社長の言葉の凄さが理解できます。あの現場や寮で過ごした2年間は、誰が何と言おうと、私にとってかけがえの無い経験であり、私が今でも夢を追い続け『全力疾走』する原動力にもなっています。

落ちたところから這い上がれたのだから、自分も誰かの面倒を見てあげられるような人になろう。

それが私の経営者としての指針となっています。

少しだけ、その後の話をします。

テナントの更新手続きはしてもらえなかったけれど、立ち退かなくてもよくなったあとは、私はコロナ禍が明けるまでの間、店頭ではなくキッチンに立っていました。しばらくキッチンのことを元料理長に一任していたため、私がつくれない料理もありました。そこで、全メニューをつくれるようになりたかったからです。唯一残ってくれた一番若い社員（以下、『ドラゴンボール君』）が、『家偉族』のメニューのレシピをメモしており、それを参考に教えてもらい、『家偉族』の味は引き継がれています。

コロナ禍を超えて、唯一残ったドラゴンボール君は、当時23歳でした。19歳のときからアルバイトとして働いている叩き上げの社員です。仕事は、丁寧かつ早く、真面目で寡黙なイケメンです。現在は、27歳になりましたが、『家偉族』の料理長として活躍していただいています。

これを書いている現在は、２０２４年11月下旬です。

約２週間前の11月10日で、開業から丸９年が経ち、『家偉族』は10年目へと突入しました。10年続く飲食店は、約３％といわれているそうですが、その３％の仲間入りができそうです。

あっという間で、必死に駆け抜けた丸９年でした。

私自身も、まだまだ未熟な経営者であり、未熟な人間です。

スタッフたちとコミュニケーションが取れなくなったり、誤解を招いたり、ときには取っ組み合いになったことだってありました。それを、当時はスタッフの責任にしたり、思い通りにならないことに我慢できなかったりしていましたが、会社とは、自分の器以上に大きくならないことを思い知った９年間でもありました。

もし、飲食業界の成功者の方たちがこの本を読んだとき、「あたりまえのことしか書いてない」と思うかもしれません。そして、そう思われた方は、私よりも、もっと豊富な知識を持っている方なのかもしれません。たとえば、大手居酒屋チェーンで働いている方であれば、大手居酒屋チェーンにしかできない交渉術や特権があります。それを、小さな個人店を経営している方たちが、少しでも活用できたら救われるお店もあるという想いから、今回は私なりに書いてみました。

私の想いはただ一つ。「飲食業界を盛り上げたい」

最近、こだわりのあるお店が少なくなったという人もいますが、少なくなったのではなく、潰れてしまったのです。都内には、経営者が誰なのかわからないようなお店がたくさんあります。実際に入店してみないとわからない、そんな不安になるようなお店ばかりです。

〝金儲け〟に走った飲食店は、多店舗展開し、安い食材を使用し、人件費を極限まで削り、お客様の喜ぶ顔など想像もしない〝お店都合〟のシステムばかり。それなのに、なぜ儲かっているのか。増え続けているのか。それは、新規のお客様が来るからです。そのようなお店は、ネット広告に多額の広告費を投じて、新規のお客様が来るためのノウハウを持っています。新宿・渋谷辺りの都心は、街に遊びに来る人たちがたくさんいて、リピーターを求める営業をしなくても、新規のお客様を回しているだけで、お店は成り立ってしまいます。数年前に問題になった〝プチぼったくり〟なども未だに横行しており、たとえ口コミでの評判が少し悪くなっても、看板と店名を変えるだけで、また新規出店と打ち出して同じことを繰り返しているようなお店もあるようです。

先日、『家偉族』のスタッフ20名を連れて、新宿へ行ったときのことです。開業からの9年間、新宿へ行く機会が極端に減りましたが、9年前の新宿と比べると、インバウンドの影響による外国人の多さに驚きました。外国人観光客は、繁華街である新宿や渋谷、横浜などへ遊びに行くことが多いそうです。そして、外国人の方が広告を見て、質の低い居酒屋に入ってしまったら、日本の印象が悪くなるのではないか……と、心配になります。居酒屋は、日本の文化だと思います。その居酒屋を、「大したことないな」と、世界に笑われたくないですよね。

また、古いデータになりますが、2019年に消費税が10%に引き上げられたときの増税後の節約生活に関する一部のアンケートでは、『外食／接待／飲み会』を節約すると回答した方が、一番多かったようです。これも、飲食業界のレベルの低下が原因だと思います。オペレーション重視の料理なんて、きっとおいしくないんです。おいしくなければ、楽しくないですよね。それに、お客様に、「無駄遣いだった」と思わせるような飲食店が生き残る、そんな日本であっていいのでしょうか。

『家偉族』のTシャツの背中には、【人生は　夢も仕事も　酒次第】という言葉が入っています。これを見て、お客様はいつも「そうだよな！　その通りだよな！」と話しかけてくれます。この言葉は、「お客様に、お酒を飲みながら語ってもらいたい」という願いを込めています。

語るなら『家偉族』で夢を語ろう！　そして、また明日も仕事を頑張ろう！

居酒屋とは、そういう場所であるべきです。一日頑張って働いて、ちょっと疲れたお客様が「また明日も頑張ろう」と思えるくらい癒してあげられる、そんなエネルギーのあるお店を、みなさんでつくりましょうよ。

飲食店は、薄利の世界が真の姿だと思っています。お客様に喜んでいただくために、見えないところでたくさんお金がかかるので、金儲けをするためなら選んでほしくない業界です。

ある士業の方は、「私だったら、絶対飲食店だけはやらない」と言っていました。

時代は変わり続け、開業当初の2015年の東京都の最低賃金は907円でしたが、2024年は1千163円。時給は、250円以上も上がりました。さらに、電気代などの光熱費も上がり続けています。物価も高騰しています。そのうえ、日本は税金大国で、儲けても、稼いでも、税金の支払いによってなかなかお金は残りません。あれもこれもで、飲食店経営が非常に困難な時代になってきました。

それでも、なぜ「自分のお店を持ちたい」と夢を見る人が多いのか。
自分のお店が人で溢れかえり、活気と笑いに満ちた姿が想像できるからではないでしょうか？

私は、それでいいと思います。お客様の笑顔が想像できる人たちに、もっとお店をつくってほしい。現実はそう甘くありませんが、儲かる儲からないは一旦置いておいて、自分を表現することができる環境、その空間の中で笑いあい、一緒にスポーツ観戦しながら飲み、幸せな時間の共有ができる。どんな時代になっても、そういう場所を、人は求めているのではないかと、私は思っています。

最後に、一つお伝えしておきたいことがあります。
私は、幸運なことに、サラリーマン時代の9年間、80店舗の新規立ち上げに関わらせていただく機会を与えられました。この本を読んでいる方の中には、経験が少なくても、飲食店をやりたいという方もいるはずです。

飲食店は、参入壁が低く、経験がなくても誰でも開業できます。その経験が乏しい経営者を食いものにしているコンサルティング会社もあるので、もしコンサルティング会社を利用して開業しようと考えているオーナー様は、よく調べてから利用する必要があると思います。

つい最近、飲食店コンサルティング会社を使って起業した飲食店に、私の元部下が入店しました。私に、いろいろとアドバイスを求めるために電話してきたのですが、話を聞いているだけでも、そのコンサルティング会社には驚くことばかりでした。

私がこの本に書いたようなノウハウを持っていないし、どこかの潰れたお店から引き揚げた落書きだらけの大きな水槽を40万円で買わされたとか、口を挟む割には月に一回しか来店しないそうで、ほとんど丸投げ。聞けば聞くほど悪徳で、腹が立ってきました。

私は、一人でも多くの方の失敗を未然に防ぎたいと思っています。

同時に、一つでも多くの繁盛店が増えることを祈っています。外食が楽しいって思う日本にしたいです。外食する頻度が増えれば、時間の足りない一日から買い物や洗い物などの家事をする時間が節約できて自分の時間が増えるかもしれません。『あとはお風呂に入るだけだーーー』って、みなさんのお母さまも、外食した夜は言っていませんか？

もっと大きく言えば、日本の経済効果にもつながります。オーナー様の人生が詰まったような元気な個人店が増え、それらが『奇跡の個人店』となって、日本の飲食業界が元気になっていく未来を夢見たいです。

だから、この本を読んだあなたにも、素敵なお店をつくってほしい。
ここまで読んでくださったみなさんに、私は力強く宣言します。

お客様への想いが詰まったあなたがいるお店は、きっと成功する！

巻末付録 夢への道を切り拓く〝羅針盤カード〟

あなたがつくりたい「奇跡の個人店」の業態は？ ※あれば〝店名〟も。

あなたの「奇跡の個人店」の、メインコンセプトは？

あなたの「奇跡の個人店」は、誰のためのお店？

あなたの「奇跡の個人店」の差別化ポイントは？

あなたの「奇跡の個人店」で、叶えたい夢は何ですか？

「奇跡の個人店」をつくったあなた自身が、これから叶えたい夢は何ですか？

ドキ社長のコンサルティングで使用する〝羅針盤カード〟は、
あなたの夢への航海をサポートするためのものです。ぜひ、ご活用ください。

上地努樹（うえち・どき）

株式会社 TOP LAND 代表取締役。
徳島県出身、15 歳で俳優を目指して上京。人生最初のバイトから幾多の飲食店で働く。夢を志しながら 30 歳を機にはじめて飲食関連企業の正社員になる。豊富な経験から即戦力で会社に貢献し、2 つの会社で取締役・副社長などを務め、9 年間で延べ約 80 店舗の新規出店に第一線で携わる。2015 年 11 月 10 日、立川駅北口から徒歩 1 分の好立地に全 170 席の大型完全個室居酒屋『家偉族 ~kaizoku~ 立川本店』を開業。お客様目線に立った接客や空間づくりが高いリピート率を生んでいる。

『家偉族～ kaizoku ～立川本店』HP
※ドキ社長のコンサルティングをご希望の方も、
“羅針盤カード”（191P）をご記入のうえ、こちらにお問い合わせください。

貯金《ちょきん》0円《えん》から“日本最大級《にほんさいだいきゅう》”へ夢《ゆめ》の舵《かじ》を取《と》る！

奇跡《きせき》の個人店《こじんてん》

2025 年 2 月 26 日 初版第 1 刷

著　者　上地努樹
発行人　松崎義行
発　行　みらいパブリッシング
〒 166-0003 東京都杉並区高円寺南 4-26-12 福丸ビル 6 階
TEL 03-5913-8611　FAX 03-5913-8011
https://miraipub.jp　MAIL info@miraipub.jp

企　画　とうのあつこ
ブックデザイン　洪十六
発　売　星雲社（共同出版社・流通責任出版社）
〒 112-0005 東京都文京区水道 1-3-30
TEL 03-3868-3275　FAX 03-3868-6588

印刷・製本　株式会社上野印刷所

ISBN 978-4-434-35383-3 C0034